职业院校**城市轨道交通专业**"十三五"规划教材

U0725065

CHENGSHI GUIDAO JIAOTONG
XINGCHE ZHUZHI

城市轨道交通
行车组织

微课版

孙玥 朱国巍 黄欣荣 ◎ 主编
黄奕 ◎ 副主编

人民邮电出版社

北京

图书在版编目（CIP）数据

城市轨道交通行车组织：微课版 / 孙玥，朱国巍，
黄欣荣主编. -- 北京：人民邮电出版社，2022.5
职业院校城市轨道交通专业"十三五"规划教材
ISBN 978-7-115-55070-5

Ⅰ．①城… Ⅱ．①孙… ②朱… ③黄… Ⅲ．①城市铁
路－行车组织－高等职业教育－教材 Ⅳ．①U239.5

中国版本图书馆CIP数据核字(2020)第201198号

内 容 提 要

城市轨道交通行车组织是城市轨道交通的中心工作。本书立足城市轨道交通系统行车组织的各个环节，系统地阐述了行车组织工作所涉及的基本知识和专业技能。全书共 7 个项目，内容包括行车组织认知、车站行车组织、车辆段行车组织、正常情况下的列车行车组织、非正常情况下的列车行车组织、施工组织及管理、行车事故分析及处理。

本书可供高等职业院校城市轨道交通运营管理、通信信号技术等专业教学使用，可作为轨道交通类相关专业的教材，也可作为轨道交通行业的从业人员或爱好者的自学用书。

◆ 主　　编　孙　玥　朱国巍　黄欣荣
　　副主编　黄　奕
　　责任编辑　刘晓东
　　责任印制　王　郁　焦志炜
◆ 人民邮电出版社出版发行　　北京市丰台区成寿寺路 11 号
　　邮编　100164　电子邮件　315@ptpress.com.cn
　　网址　https://www.ptpress.com.cn
　　大厂回族自治县聚鑫印刷有限责任公司印刷
◆ 开本：787×1092　1/16
　　印张：10.5　　　　　　　　　　2022 年 5 月第 1 版
　　字数：267 千字　　　　　　　2022 年 5 月河北第 1 次印刷

定价：39.80 元

读者服务热线：(010)81055256　印装质量热线：(010)81055316
反盗版热线：(010)81055315
广告经营许可证：京东市监广登字 20170147 号

随着我国经济持续快速发展和城市规模不断扩大，开通城市轨道交通线路成为改善城市交通状况和缓解环境压力的有效途径。全国多个大中型城市已经开通城市轨道交通线路。随着城市轨道交通的建设力度不断加大，专业人才的需求量也在不断增长。

行车组织工作是城市轨道交通系统完成其运营任务的核心，它担负着指挥列车运行、保证行车安全、提高运输效率的重要任务，直接影响运输任务的完成情况。

本书将理论与行车组织工作实务相结合，以职业能力要求为指导，紧贴岗位能力要求来设计和编写内容。本书根据《高等职业院校专业教学标准》以及国家相关标准和技术规范，围绕"职业能力为核心"的理念进行编写，针对职业岗位需求和职业能力、素质的培养要求，将知识与技能、专业素质与职业素质有机融合，理论知识浅显精练，注重岗位能力培养。本书配备教学视频等数字化学习资源，为读者构建立体化的学习空间。

本书的参考学时约为 32 学时，各学校可按照自身专业设置的具体情况灵活分配，建议采用理论与实践一体化教学模式。

本书由南京信息职业技术学院孙玥、朱国巍、黄欣荣任主编，黄奕任副主编，具体分工如下。朱国巍编写项目一、项目二、项目三，黄奕编写项目四，黄欣荣编写项目五，孙玥编写项目六、项目七，朱国巍负责统稿。

本书在编写过程中得到了苏州轨道交通集团领导和企业专家的帮助，在此对相关人员一并表示诚挚的感谢。

由于编者技术水平和实践经验有限，书中难免存在不足之处，敬请读者批评指正，以便今后修订完善。

编　者
2022 年 2 月

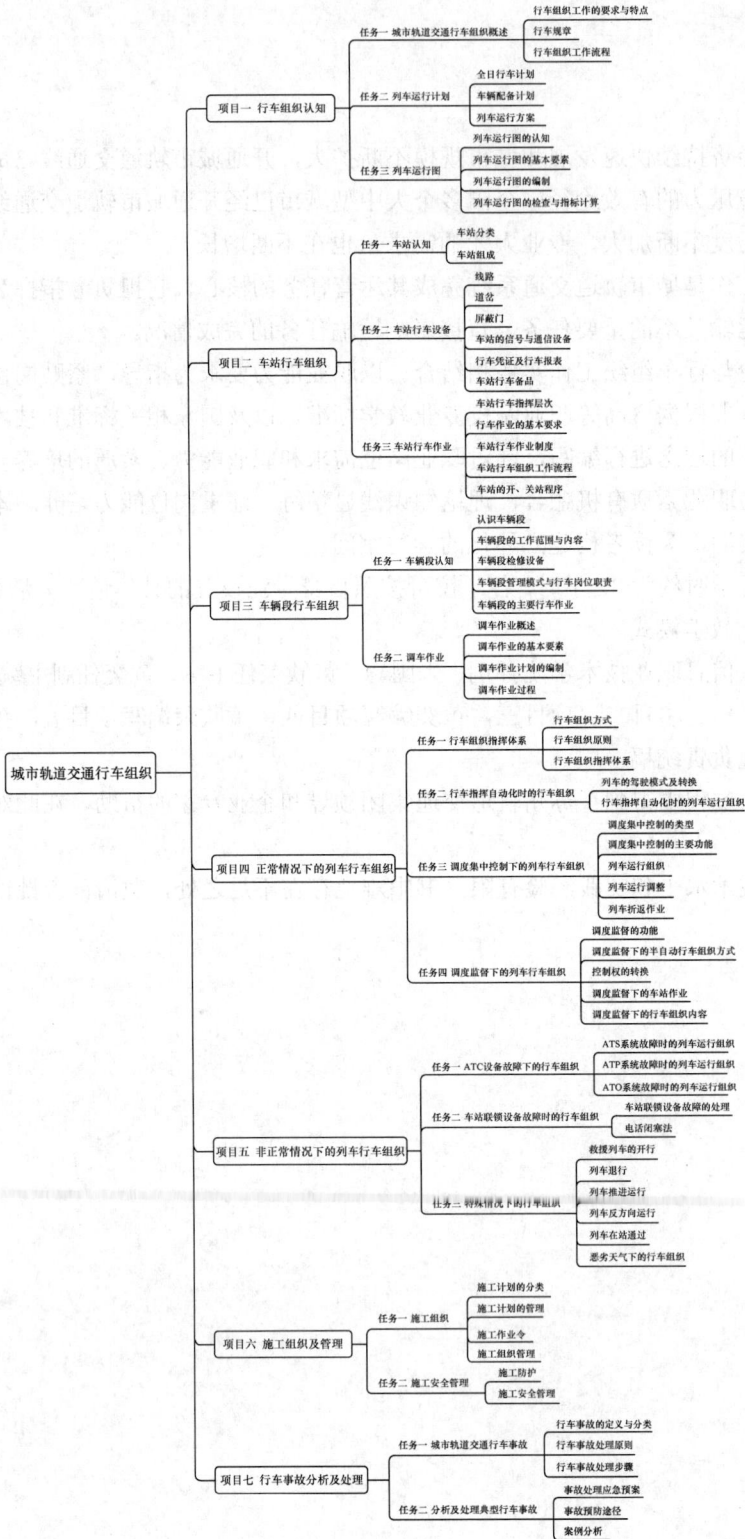

知识导图

城市轨道交通行车组织

项目一 行车组织认知
- 任务一 城市轨道交通行车组织概述
  - 行车组织工作的要求与特点
  - 行车规章
  - 行车组织工作流程
- 任务二 列车运行计划
  - 全日行车计划
  - 车辆配备计划
  - 列车运行方案
- 任务三 列车运行图
  - 列车运行图的认知
  - 列车运行图的基本要素
  - 列车运行图的编制
  - 列车运行图的检查与指标计算

项目二 车站行车组织
- 任务一 车站认知
  - 车站分类
  - 车站组成
- 任务二 车站行车设备
  - 线路
  - 道岔
  - 屏蔽门
  - 车站的信号与通信设备
  - 行车凭证及行车报表
  - 车站行车备品
- 任务三 车站行车作业
  - 车站行车指挥层次
  - 行车作业的基本要求
  - 车站行车作业制度
  - 车站行车组织工作流程
  - 车站的开、关站程序

项目三 车辆段行车组织
- 任务一 车辆段认知
  - 认识车辆段
  - 车辆段的工作范围与内容
  - 车辆段检修设备
  - 车辆段管理模式与行车岗位职责
  - 车辆段的主要行车作业
- 任务二 调车作业
  - 调车作业概述
  - 调车作业的基本要素
  - 调车作业计划的编制
  - 调车作业过程

项目四 正常情况下的列车行车组织
- 任务一 行车组织指挥体系
  - 行车组织方式
  - 行车组织原则
  - 行车组织指挥体系
- 任务二 行车指挥自动化时的行车组织
  - 列车的驾驶模式及转换
  - 行车指挥自动化时的列车运行组织
- 任务三 调度集中控制的列车行车组织
  - 调度集中控制的类型
  - 调度集中控制的主要功能
  - 列车运行组织
  - 列车运行调整
  - 列车折返作业
- 任务四 调度监督下的列车行车组织
  - 调度监督的功能
  - 调度监督下的半自动行车组织方式
  - 控制权的转换
  - 调度监督下的车站作业
  - 调度监督下的行车组织内容

项目五 非正常情况下的列车行车组织
- 任务一 ATC设备故障下的行车组织
  - ATS系统故障时的列车运行组织
  - ATP系统故障时的列车运行组织
  - ATO系统故障时的列车运行组织
- 任务二 车站联锁设备故障时的行车组织
  - 车站联锁设备故障的处理
  - 电话闭塞法
- 任务三 特殊情况下的行车组织
  - 救援列车的开行
  - 列车退行
  - 列车推进运行
  - 列车反方向运行
  - 列车在站通过
  - 恶劣天气下的行车组织

项目六 施工组织及管理
- 任务一 施工组织
  - 施工计划的分类
  - 施工计划的管理
  - 施工作业令
  - 施工组织管理
- 任务二 施工安全管理
  - 施工防护
  - 施工安全管理

项目七 行车事故分析及处理
- 任务一 城市轨道交通行车事故
  - 行车事故的定义与分类
  - 行车事故处理原则
  - 行车事故处理步骤
- 任务二 分析及处理典型行车事故
  - 事故处理应急预案
  - 事故预防途径
  - 案例分析

项目一
行车组织认知

知识地图

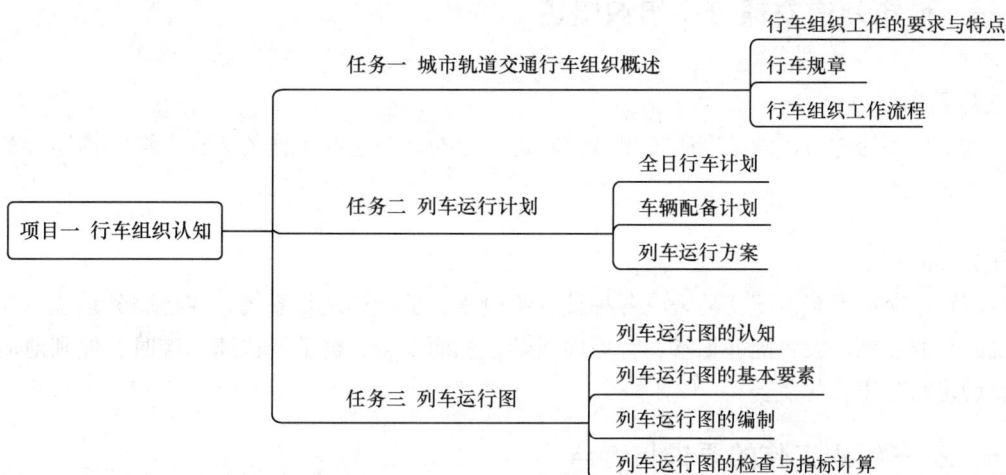

任务一　城市轨道交通行车组织概述
- 行车组织工作的要求与特点
- 行车规章
- 行车组织工作流程

任务二　列车运行计划
- 全日行车计划
- 车辆配备计划
- 列车运行方案

项目一　行车组织认知

任务三　列车运行图
- 列车运行图的认知
- 列车运行图的基本要素
- 列车运行图的编制
- 列车运行图的检查与指标计算

学习目标

知识目标

- 认识城市轨道交通行车组织工作的要求与特点。
- 熟悉行车组织工作流程。
- 能陈述列车运行计划的相关基础知识。
- 能复述列车运行图的基础知识。

能力目标

- 能根据相关资料确定列车运行计划。
- 能正确识别列车运行图。
- 学会编制列车运行图。

项目导学

　　城市轨道交通的行车组织工作，是指在运输生产过程中为完成运送乘客的任务所进行的一系列与运输有关的工作。城市轨道交通系统耗资巨大，修建费时费力，该系统能否实现预期目标、完成预期任务，关键就在于行车组织工作的好坏。行车组织工作是整个轨道交通运输生产的核心内容。

列车运行组织首先要确定列车运行的最小行车间隔时间、停站时间、折返方式、折返时间、列车运行速度等，然后在此基础上制定列车编组、车辆配备计划和列车运行图，由调度所（中央控制室）负责日常的行车调度指挥工作，实行集中统一指挥，要求各环节紧密配合、协同作业，从而保证安全、均衡、有节奏地完成乘客输送任务。

通过本项目的学习，读者可以了解城市轨道交通系统行车组织工作的要求与特点，熟悉行车工作流程，掌握列车运行计划的相关基础知识及其确定方法，掌握列车运行图的基础知识和编制方法。

任务一　城市轨道交通行车组织概述

📖　任务要求

通过本任务的学习，能够准确说出城市轨道交通对行车组织工作的要求，详细描述行车工作流程。

🖊　任务实施

城市轨道交通行车组织就是采取各种技术手段来保证列车运行系统、客运服务系统、检修保障系统的专业设施、设备能够正常、合理地运转，从而安全、舒适、快速、准时、便利地运送乘客，以满足乘客出行的需要。

一、行车组织工作的要求与特点

1. 行车组织工作要求

行车组织工作是城市轨道交通系统完成其运营任务的核心，它担负着指挥列车运行、保证行车安全、提高运输效率的重要任务，直接影响运输任务的完成情况。城市轨道交通固定线路、固定轨道导向、大客运量的特性，对城市轨道交通的行车组织工作提出了很高的要求，主要表现在以下 6 个方面。

（1）安全性要求高

城市轨道交通地下部分的隧道空间小、行车密度大、故障排除难度大，若发生事故则难以救援，损失也将非常惨重，所以对行车安全的保证即对行车组织工作提出了更高的安全要求。

（2）通过能力要求高

城市轨道交通一般不设站线，进站列车均停在正线上，先行列车的停站时间将直接影响后续列车接近车站，所以要求信号设备必须满足通过能力的要求。另外，不设站线使列车正常运行的顺序是固定的，有利于实现行车调度自动化。

（3）保证信号显示

城市轨道交通虽然地面信号机少、地下部分背景暗且不受天气影响，直线地段瞭望条件好，但曲线地段受隧道壁的遮挡，信号显示距离受到限制，所以对于保证信号显示也有很高

行车组织工作的要求与特点

的要求。

（4）可靠性要求高

城市轨道交通隧道净空小，且装有带电的接触轨或接触网，行车时不便维修和排除设备故障，所以要求信号设备具有高可靠性，应尽量做到平时不用维修或少维修。

（5）自动化程度要求高

城市轨道交通站间距短、列车密度大、行车工作进行得十分频繁，但工作条件差，所以要求尽量采用自动化程度高的先进技术设备，以减少工作人员数量，并减轻他们的劳动强度。

（6）限界条件苛刻

城市轨道交通的室外设备及车载设备受土建限界的制约，要求其体积尽量小，同时必须兼顾隧道的施工和维护作业空间。

2. 行车组织特点

城市轨道交通对行车组织工作的六大要求，决定了城市轨道交通行车组织工作必须具备以下五大特点。

（1）具有完善的列车速度监控功能

城市轨道交通所承担的客运量巨大，对行车间隔的要求远高于铁路，最小行车间隔达到 90 s 甚至更短，因此对列车运行速度监控的要求极高。

（2）联锁关系较简单

城市轨道交通的大多数车站没有配线、不设道岔，甚至也不设地面信号机，仅在少数有道岔联锁及车辆段的地方设置道岔和地面信号机，故联锁设备的监控对象少，除折返站外，其他车站的全部作业均为乘客乘降，非常简单。通常，一个调度控制中心即可实现全线的联锁控制功能。

（3）联锁技术要求高

城市轨道交通信号自动控制最大的特点是把联锁关系和列车自动保护（ATP）系统的编、发码功能结合在一起，且包含一些特殊的功能，如自动折返、自动进路、紧急关闭、扣车等，这增加了技术难度。

（4）车辆段独立采用联锁设备

城市轨道交通的车辆段类似于铁路区段站，包括列车编解、接发列车和频繁的调车作业，线路较多、道岔较多、信号设备较多，一般独立采用一套联锁设备。

（5）行车调度自动化水平高

城市轨道交通的线路长度短、站间距离短、列车种类较少、行车规律性很强，因此它的调度系统中通常包含自动排列进路和运行时自动调整的功能，自动化水平高，人工介入极少。

二、行车规章

城市轨道交通是技术高密集的大容量客运交通系统，具有高度集中、统一指挥、紧密联系和协同配合的系统运作特点。为确保轨道交通运营安全整点、方便快捷、高速高效，必须建立一套规范、统一、科学的行车规章体系。

行车组织类规章制度是城市轨道交通企业技术管理的核心，它是规范行车运行秩序、约束行车工作人员生产活动的行为准则，规定了各单位、各部门、各工种的相关人员在从事轨道交通运输生产工作时必须遵守的基本原则、责任范围、工作方法、作业程序和标准。

1．行车组织规则类制度

行车组织规则类制度是制定行车组织各项规章制度的基础，是某一城市轨道交通行车组织工作的技术标准。它具体规定了在进行行车生产作业时所必须遵循的运作规则，界定了行车生产过程中的所有作业程序和各工种间的相互关系，明确了各工种在行车生产过程中所必须遵守的作业方法和标准。它是一切与行车有关的办法、规定、作业规范和标准等规章制度的基础。一般城市轨道交通运输企业习惯性地将该制度命名为"××地铁行车组织规则"，简称"行规"。

2．行车组织方法类制度

行车组织方法类制度是在行车组织规则的基础上，根据设备的具体技术特点按线路分别编写的。它一般分为《行车管理办法》、《行车调度工作细则》（简称《调细》）、《车站工作细则》（简称《站细》）和《段（场）细》。

《行车管理办法》具体规定了在具体设备条件下，特别是在信号系统功能一定的条件下，线路行车应遵循的行车方法。《行车管理办法》具体描述了各作业程序的具体作业方法，确定了各工种的作业职责。因此，当影响行车的设备条件发生变化时，必须对《行车管理办法》进行相应的修订。

《调细》《站细》《段（场）细》是在行车管理办法的基础上按工种分别编写的。它们分别具体针对调度中心、车站、车场这三个行车场所中的各工种，对各种行车场景下作业过程中的作业程序、作业职责、作业关系进行了规定。

有些城市轨道交通运输企业会将正常和非正常行车场景分开，分别对不同行车场景下的行车方法、作业方法、作业程序等进行具体规定或制定专项处置预案。

3．行车设备使用类制度

行车设备使用类制度是根据行车组织方法类制度，结合行车设备的具体功能编写的。它具体规定了在各种行车场景、作业程序中使用此类行车设备的各种功能。一般情况下，该类办法根据设备类别单独制定。如果不同线路的设备类型相同但功能不同，则必须单独编制具体规定，如屏蔽门等行车设备的使用管理办法等。

4．行车作业类规范、标准

行车作业类规范、标准在行车组织方法类制度、行车设备使用类制度等相关规定的基础上，对各工种在执行作业程序时所进行的作业行为进行描述和规定，如行车值班员作业规范、行车调度员作业规范等；或者对某些特殊作业场景中的作业程序、作业行为进行具体描述和规定，如手摇道岔作业标准等。

5．行车设备类操作技术手册

行车设备类操作技术手册是行车作业中各工种操作行车设备时所必须遵循的指导性文件。它用于设备部门配合行车部门，是描述如何正确操作设备以实现设备设计功能的技术性文件；或者是描述如何判断故障原因、排除故障使设备恢复正常功能或功能降级的技术性文件，如电客列车操作手册、车载设备操作手册、电客列车排故手册、车载设备排故手册等。

三、行车组织工作流程

1．运营开始前

（1）控制中心

控制中心负责确认线路上所有施工检修作业已经完成、注销，线路空闲，无侵限，接触网供电设备运行正常；根据运营计划，与车辆段（场）内行车人员核对运行图，并听取当日运用车使用情况汇报，建立或核对当日运用车的时刻表，确认时刻表无误；检查无线对讲系统，确认无干扰、通话质量良好；确认电视、广播、电话等设备正常；确认中央列车自动监控系统（ATS）主机、通信机工作正常，以行车调度员口令登录工作站并确定处于正常在线联机状态，清除告警窗内所有无效的告警；确认中央工作站、显示屏显示正确、一致，所有集中站控制权按调度指令处于正常状态，线路无异常占用。运营前 30 min，对全线信号设备（道岔、信号机）进行测试，确认运行方向、道岔位置、信号机状态、进路显示正确；确认各终端站折返模式在主用状态或处于正常循环模式，系统的调整方式为自动调整；以中央 ATS 系统时间为标准，与车站值班员、车场调度员等校对时间。

（2）车站

车站负责确认车站管辖范围内所有施工检修作业已经完成、注销，线路空闲，无侵限，所有运营设备运行正常；对本站信号设备（道岔、信号机）进行测试，确认道岔位置、信号机状态、进路显示正确；开启相关运营设备，打开车站出入口卷帘门。

（3）信号楼/运转值班室

信号楼值班员/车场调度员负责确认车场内所有影响列车出库的检修施工作业已注销，出库进路空闲，无侵限，接触网供电设备运行正常；确认场内信号设备（道岔、信号机）状态正常；确认电动列车投运列数符合当日运行计划要求，把当日运用车使用情况向行车调度员进行汇报；严格按照列车运行时刻表做好列车发车工作，与行车调度员校对以控制中心 ATS 钟点为准的钟表时间，负责列车司机在出乘前的钟表时间对校。

（4）司机

司机按规定对列车进行技术作业检查，确认列车无线电话和车厢广播功能良好，确认车载列车自动控制系统（ATC）设备正常、铅封良好；确认车辆设备良好，在出乘前向车场调度员校对钟表时间。

2. 日常运营

控制中心以调度命令的方式通知各行车岗位人员运营开始及当日运营计划，监控列车的运行情况；车站监视列车运行，做好车站的客运组织作业；信号楼/运转值班室根据运营计划进行发车作业；司机负责日常的列车驾驶。

（1）出场作业

列车出库后在转换轨处停车，接收 ATP 信息，转换至规定的驾驶模式并确认收到允许出场信号后列车进入正线。若超过一定的规定出场时间，信号机还未正常开放，应及时与行车调度员联系。

（2）区间运行

司机根据接收到的允许速度码及轨旁信号机的允许信号后行车；行车期间必须做好瞭望工作，按规定进行列车广播；若遇紧急情况，应立即采取停车措施，并向行车调度员汇报，按其指示执行相关操作。行车调度员对运行异常列车应及时询问，若有设备故障，应及时通知相关部门，并根据现场情况及时发布相应的调度命令。

（3）车站到达

司机进站前应加强瞭望，并按规定进行广播；若遇紧急情况，必须立即采取停车措施，并向行车调度员汇报。车站要做好列车到达的广播工作，维持站台秩序。此外，站台工作人员应监视列车进站。

（4）乘客乘降

列车到站停准后，司机进行车门、屏蔽门的开启，监护乘客上下列车，确认发车表示器的指令，待乘客乘降作业基本完毕后，关闭车门、屏蔽门，确认无夹人夹物后，进行发车作业。车站除做好广播和站台秩序维护工作外，还要协助司机确认车门、屏蔽门的关闭状态。

（5）车站出发

司机在确认收到允许速度码、防护信号机显示允许信号后行车，此时司机必须加强瞭望，并按规定进行广播。车站要做好广播和站台秩序维护工作。此外，站台工作人员应监视列车出站。

（6）列车折返

列车在折返站必须进行清客作业。列车进出折返线遵照"正线调车"的规定。列车在折返线规定位置停车后，司机进行操纵端转换（倒台）作业。车站要做好广播和站台秩序维护工作。

（7）入场作业

入场列车不得载客，车场行车人员负责根据运行图或调度命令办理入场信号的开放。列车在转换轨处转换驾驶模式，退出正线系统。

3．运营结束后

控制中心负责安排列车回库，待所有运营列车回库后，以调度命令的方式通知各行车岗位相关人员运营结束。打印当日运行图，完成运营质量的统计及各类记录的填记、汇总。根据施工计划安排施工作业。

车站关闭客运服务设备，清场完毕，关闭出入口和设备电源。车站工作人员对车站进行安全巡视，根据施工计划办理要点、登记和注销手续。

信号楼值班员/运转值班员填写工作日报表，安排列车回库配合检修、洗车作业，根据施工、调试计划安排调车计划。

司机驾驶列车入场后，退出无线注册，完成运营情况记录单的填写并交给运转值班员。

📑 任务评价

任务评价表

学习内容	项目一　行车组织认知		姓名	
	任务一　城市轨道交通行车组织概述		学号	
评价要素			分值	考核得分
（1）能说出城市轨道交通对行车组织工作的要求			20	
（2）能复述行车工作流程			30	
（3）能与组员协作、高质量完成学习汇报			20	
（4）能专注听取同学的汇报			20	
（5）能虚心接受老师或同学的评价			10	
总体得分			100	
教师评语：				

任务二　列车运行计划

任务要求

某地铁 4 号线每列车为 6 辆车编组，列车在一次周转中，正线运行时间共 30 min，中间站停站时间共 10 min，折返站停留时间共 8 min。列车运行相关数值表见表 1.1。试问该线路应配备多少辆运用车？

表 1.1　　　　　　　　　　列车运行相关数值表

时间	开行列车数	时间	开行列车数
5:00～6:00	6	14:00～15:00	10
6:00～7:00	8	15:00～16:00	12
7:00～8:00	15	16:00～17:00	13
8:00～9:00	13	17:00～18:00	12
9:00～10:00	10	18:00～19:00	10
10:00～11:00	10	19:00～20:00	10
11:00～12:00	12	20:00～21:00	10
12:00～13:00	11	21:00～22:00	6
13:00～14:00	10	22:00～23:00	6

完成本任务的学习后，能够分析与列车运行相关的数值，计算出运用车辆数，并能够进一步分析出检修车辆数和备用车辆数。

学习列车运行计划后，能够描述出全日行车计划概念，学会分析计算车辆的配备数量，能说出列车编组方案、交路方案、停站方案的分类。

任务实施

行车组织管理的目标是建立高效运作的组织体系，制定全面、严谨的规章制度，充分利用各项行车设备，各岗位密切协作，确保行车组织安全、准点、高效。

为了经济合理地运用技术设备，实现高服务水平、高效率和低成本的运营目标，城市轨道交通的运营组织必须以列车开行计划为基础。列车开行计划由全日行车计划、车辆配备计划、列车运行方案等组成。

一、全日行车计划

全日行车计划是营业时间内各小时开行的列车数计划，它是编制列车运行图和确定车辆运用的基础资料。

1. 编制要素

全日行车计划根据营业时间内的分时最大断面客流量、列车定员数和线路断面满载率，以及希望达到的服务水平进行编制，客流情况是全日行车计划编制的基础。

（1）营业时间

营业时间的安排主要考虑两个因素：一是考虑乘客出行的特点，方便其乘车；二是满足轨道交通各项设备检修施工的需要。世界上大多数城市的轨道交通营业时间在 18～20 h，个别城市是24 h 运营。适当延长营业时间，是轨道交通服务水平提高的体现。

（2）分时最大断面客流量

站间 OD 客流数据是计算最大断面客流量的原始资料。"O"来源于英文 Origin，指出行的出发地点；"D"来源于英文 Destination，指出行的目的地。根据站间 OD 客流数据，首先计算出各站上、下车人数，然后计算出断面客流量，最后得出最大断面客流量。

OD 调查即交通起止点调查，又称 OD 交通量调查。OD 交通量是指起止点间的交通出行量。

在新线投入运营时，站间 OD 客流数据来源于客流预测资料；在既有线运营时，站间 OD 客流数据来源于客流统计或客流调查资料。在客流预测资料中，通常只有高峰小时与全日站间 OD 的客流预测数据。分时最大断面客流量的确定可采用下列两种方法：在已知高峰小时最大断面客流量的基础上，根据分时客流占高峰小时客流的比例进行确定；在已知全日最大断面客流量的基础上，根据分时客流占全日客流的比例进行确定。

（3）列车定员数

列车定员数是列车编组辆数和车辆定员数的乘积。

列车编组辆数的确定以高峰小时最大断面客流量为基本依据。在客流量与列车运能一定的情况下，列车编组辆数取决于列车间隔和车辆选型。但在列车密度已经较大时，为满足增长的客流需求，增加列车编组辆数往往成为选用措施。此时，轨道交通保有的运用车辆数是增加列车编组辆数的限制因素之一，其他限制因素包括站台长度等。

车辆定员数取决于车辆的尺寸、车厢内座位的布置方式和车门设置数。一般在车辆限界范围内，车辆的长宽尺寸越大，载客越多，车厢内座位纵向布置较横向布置载客更多。

（4）线路断面满载率

线路断面满载率是指在单位时间内，特定断面上的车辆载客能力利用率。在实际工作中，线路断面满载率通常是指早高峰小时、单向最大客流断面的车辆载客能力利用率，它与单向最大断面客流量、单位时间内开行的列车数、列车编组辆数及车辆定员数有关。

线路断面满载率既反映了列车在最大客流断面的满载程度，也反映了乘客乘车的舒适程度。为提高车辆利用率、降低运输成本，在编制全日行车计划时，高峰小时可适当超载。

2. 编制过程

根据分时最大断面客流量、列车定员数及线路断面满载率计算出营业时间内分时开行列车数和行车间隔时间后，还需考虑乘客便利性、服务质量等因素。检查是否存在某段时间内行车间隔时间过长的情况，如果行车间隔时间过长，就会增加乘客的候车时间，降低服务水平，需调整开行间隔，最终确定全日行车计划。另外，高峰小时行车间隔的确定应检验其是否与列车折返能力相适应，以及实际行车组织的可行性。某城市地铁某条线路根据客流计算得出的全日行车计划以及实际运行情况见表 1.2。

表 1.2　　　　　　　　　　全日行车计划以及实际运行情况

运营时间	理论计算		实际运行	运营时间	理论计算		实际运行
	开行列车数	行车间隔（分:秒）	行车间隔（分:秒）		开行列车数	行车间隔（分:秒）	行车间隔（分:秒）
5:00～6:00	6	10:00	6:40～10:00	14:00～15:00	10	6:00	6:00
6:00～7:00	9	6:40		15:00～16:00	10	6:00	
7:00～8:00	18	3:20	3:20	16:00～17:00	14	4:20	3:45
8:00～9:00	15	4:00		17:00～18:00	16	3:45	
9:00～10:00	10	6:00	6:00	18:00～19:00	15	4:00	
10:00～11:00	10	6:00		19:00～20:00	10	6:00	6:00
11:00～12:00	10	6:00		20:00～21:00	10	6:00	
12:00～13:00	10	6:00		21:00～22:00	6	10:00	6:00～10:00
13:00～14:00	10	6:00		22:00～23:00	6	10:00	

二、车辆配备计划

车辆配备计划是指在有一定类型的设备和行车组织方法的条件下，为完成一定的运输任务而必须保有的车辆。车辆按运用上的不同，分为运用车、检修车和备用车三类。

1. 运用车

运用车是为完成日常客运任务而配备的技术状态良好的车辆，运用车辆数与高峰小时开行列车数、列车周转时间、列车编组辆数有关。运用车辆数计算公式为

$$N = \frac{n_{高峰}\theta_{列}m}{3\,600}$$

式中　　N——运用车辆数，辆；

　　　　$n_{高峰}$——高峰小时开行的列车数，对；

　　　　$\theta_{列}$——列车周转时间，s；

　　　　m——列车编组辆数，辆。

列车周转时间是指列车在线路上往返一次所消耗的全部时间，包括列车在区间的运行时间、列车在各中间站的停留时间以及列车在折返站作业的停留时间。其计算公式为

$$\theta_{列} = \sum t_{运} + \sum t_{站} + \sum t_{折停}$$

式中　　$\sum t_{运}$——列车在线路上往返一次时在各区间运行时间之和，min；

　　　　$\sum t_{站}$——列车在线路上往返一次时在各中间站停留时间之和，min；

　　　　$\sum t_{折停}$——列车在折返站停留时间之和，min。

当列车在折返站的出发间隔时间大于高峰小时的行车间隔时间时，须在折返线上预置一辆列车进行周转，此时运用车辆数相应增加。

2. 检修车

检修车是指处于定期检修状态的车辆。车辆经过一段时间的运行后，各部件会产生磨耗、变形或损坏。为保证车辆技术状态良好，确保列车运行安全并延长车辆的使用寿命，需要定期对车

辆进行各种部件的检修。

车辆的定期检修是一项有计划的预防性维修制度。车辆检修涉及车辆检修级别和车辆检修周期。

车辆检修级别和车辆检修周期是根据车辆的技术性能、各部件在正常情况下的使用寿命及车辆运行的环境等因素确定的。不同的检修级别有不同的检修周期。车辆检修周期是一个与车辆段建设规模和车辆段作业组织关系密切的技术指标，也是推算检修车辆数和配属车辆数的基础资料之一。通常在用时间间隔确定检修周期的情况下，根据每种检修级别的年检修工作量和每种检修级别的检修停时就可以推算出检修车辆数。检修车辆数一般控制在运用车辆数的10%~15%。

车辆的检修级别通常包括日检、双周检、双月检、定修、架修和大（厂）修六类，车辆检修级别、周期及停时见表1.3。

表 1.3   车辆检修级别、周期及停时

检修级别	周期	走行里程数/km	检修停时
日检	1 d	—	—
双周检	14 d	4 000	4 h
双月检	60 d	20 000	48 h
定修	1 a	100 000	10 d
架修	5 a	500 000	25 d
大（厂）修	10 a	1 000 000	40 d

3. 备用车

备用车是指技术状态良好的备用车辆。为适应客流变化，确保能够完成临时紧急的运输任务，以及预防运用车发生故障，必须保有若干技术状态良好的备用车辆。备用车的数量一般控制在运用车辆数的10%左右，原则上停放在停车场内或线路两端终点站。

4. 车辆运用计划

车辆运用计划在列车运行图和车辆检修计划的基础上进行编制。车辆运用计划包括以下四个方面。

（1）排定车辆出入段顺序和时间

在新列车运行图下达后，车辆段有关部门应根据列车运行图的要求及时排定运用车的出段顺序、时间和担当车次，以及回段顺序、时间和返回方向。出段时间根据列车运行图关于列车在始发站出发时刻的规定确定，出段时间应分别明确乘务员出勤时间、客车车底出库和出段时间。回段时间和返回方向同样也根据列车运行图确定。

（2）铺画车辆周转图

列车正线运行时通常采用循环交路，根据列车运行图和车辆出段顺序，车辆运用计划以车辆周转图的形式规定了全日对应各出段顺序的车辆在线路上往返运行的交路、车辆在两端折返站的到达和出发时间，以及车辆出入段时间和顺序，车辆周转图如图1.1所示。

（3）确定对应各出段顺序的车辆（客车车底）

根据车辆的运用情况和技术状态，在每日傍晚具体规定次日车辆的出段顺序和担当交路。在

具体规定车辆的运用时，应注意使各客车车底的走行里程数能在一定时期内大体均衡。

（4）配备司机

为提高车辆利用效率和劳动生产率，轨道交通系统的乘务制度通常采用轮乘制。由于司机值乘的列车不固定，因此在编制车辆运用计划时，应对司机的出退勤时间、地点、值乘列车车次，以及工间休息和吃饭时间等同步做出安排。

三、列车运行方案

列车运行方案是日常运营组织的基础。列车运行方案的选择应遵循客流分布特征与运营经济合理兼顾的原则，以实现"既能维持较高的乘客服务水平，又能提高车辆运用效率"的目标。

列车运行方案包括列车编组方案、列车交路方案、列车停站方案三部分。

列车编组方案规定了列车是固定编组还是非固定编组，以及列车的编组辆数。

列车交路方案规定了列车的运行区间与折返车站。

列车停站方案规定了列车是站站停车还是非站站停车，以及非站站停车的方式。

此外，列车运行方案还规定了按不同编组、交路和停站方案开行的列车数。

1. 列车编组方案

（1）列车编组种类

大编组方案是指在运营时间内列车编组辆数固定且相对较多，如地铁列车采用 6 或 8 辆车编组。

小编组方案是指在运营时间内列车编组辆数固定且相对较少，如地铁列车采取 3 或 4 辆车编组。

大小编组方案是指在运营时间内列车编组辆数不固定，如 3/6、4/6、4/8 辆编组。

抛开一定的客流条件来讨论列车编组方案的比选是无意义的。只有在客流尚未达到远期设计客流量，并且分时客流不均衡程度较大的情况下，才有必要对列车编组方案进行比选。

（2）影响列车编组方案比选的因素

影响列车编组方案选用的主要因素是客流、通过能力和车辆选型。此外，还应考虑乘客服务水平、车辆运用经济性和运营组织复杂性等因素。

① 客流因素。客流因素主要是指高峰小时最大断面客流与分时客流分布不均衡的程度。在车辆选型、列车间隔一定的情况下，客流量较大，列车编组也较大。

② 车辆选型。车辆选型的依据是高峰小时最大断面客流量，在高峰小时最大断面客流量 ≥ 3 万人时应采用 A 型车和 B 型车，车辆定员分别为 310 人和 230 人。

③ 通过能力。从提供必要的列车运能出发，在车辆定员一定的情况下，为适应小编组方案，

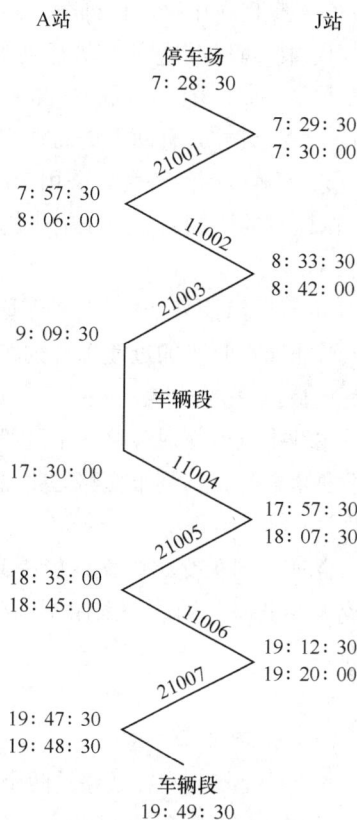

图 1.1　车辆周转图

列车间隔应相应压缩，但列车间隔的压缩受线路通过能力和列车折返能力的制约。

④ 乘客服务水平。在进行列车编组方案比选时，应考虑不同编组方案的乘客服务水平。在客流量不大、列车密度较低的情况下，与大编组方案相比，采用小编组方案时乘客的候车时间较短。因此，小编组方案有助于提高乘客服务水平。

⑤ 车辆运用经济性。采用小编组方案，对提高列车满载率及降低牵引能耗具有积极的意义，但列车比例的增加会导致车辆平均成本的上升，而小编组列车开行数的增加也会使乘务员配备数增加。

⑥ 运营组织复杂性。与采用固定编组方案相比，在选用大小编组方案时，列车的编组与解体、高峰与非高峰时段的过渡以及列车间隔的调整等均增加了运营组织的复杂程度。

2. 列车交路方案

在城市轨道交通线路各个区段客流量不均衡的情况下，合理的列车交路方案是运输计划的一个重要组成部分。列车交路方案规定了列车的运行区段、折返车站和按不同列车交路运行的列车对数。

合理的列车交路方案既能提高车辆运用效率、避免运能虚费、降低运营成本，又能给予乘客较大的方便。因此，采用不同列车交路相结合的列车运行方式，能使行车组织工作做到经济合理。

列车交路分为长交路、短交路和长短交路三种。

（1）长交路

长交路是指列车在线路的两个终点站间运行，列车到达线路终点站后折返，如图 1.2（a）所示。长交路列车运行组织简单，对中间站的折返设备要求不高。

因其全线为单一交路，行车间隔均等，故适用于全区段客流量比较均衡的线路，但在各区段客流量不均衡程度较大的情况下会造成部分区段运能浪费或不足。

（2）短交路

短交路是指若干短交线路的衔接组合，列车只在线路的某一区段内运行，在指定的中间站折返，如图 1.2（b）所示。

与长交路相比，短交路能提高断面客流较小区段的列车满载率，但跨区段出行的乘客需要换乘，服务水平会有所降低，且需要设置中间折返站。

（3）长短交路

列车在线路上的部分区段共线运行，长交路列车到达线路终点站后折返，短交路列车在指定的中间折返站单向折返，如图 1.2（c）所示。

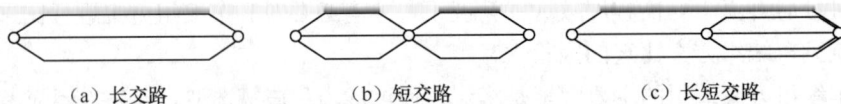

（a）长交路　　　　　　　　（b）短交路　　　　　　　　（c）长短交路

图 1.2　列车交路示意图

长短交路混合的组织方案既能满足运输需求，又能增加运营效益。因此，在线路各区段客流量分布不均衡的情况下，可以采用以长交路为主、短交路为辅的列车交路方案，组织列车在线路上按不同的密度行车。同样，当高峰期间客流在空间上分布比较均匀，而低谷期间客流在空间上分布较为悬殊时，可以在低谷期间采用长短交路列车运行方案，组织开行部分在中间站折返的短交路列车。

　　列车交路方案的确定应建立在对线路各区段客流量进行了统计分析的基础上，并充分考虑行车组织与客运组织的条件，进行可行性研究后加以确定。

　　首先，区段客流分析是列车交路方案确定的主要因素之一，也就是对客流在时间和空间上所表现出的不均衡性加以研究分析，分析结果作为列车交路方案确定的依据。

　　其次，行车条件决定了列车交路方案实现的可能性，城市轨道交通的线路设置因其运营特点，不可能在每个车站设置具备调车作业功能的线路，交路的实现只能在两个设有调车或折返线路的车站之间。同时，还必须注意列车交路是否会影响到行车组织的其他环节，如是否会影响行车间隔、后续列车的接车等。

　　最后，客运组织是列车交路方案确定的必要客观条件，由于列车交路方案的实施可能会使列车终点站发生变化，相关车站的乘客乘降作业、列车清客、客运服务工作都会随之不断调整，这对客运组织水平的要求比较高，如果客运组织不力将会直接影响列车运行图的执行情况，因此确定列车交路方案时应该对客运组织的条件加以考虑。

　　3．列车停站方案

　　（1）列车停站种类

　　列车停站方案规定了列车是站站停还是非站站停，以及非站站停时列车的停车方案。在传统的列车运行计划中，总是安排列车每站都停车，但从优化列车运行组织、提高列车行驶速度、节约乘客出行时间的角度出发，根据具体线路的客流特点，可采用以下四种列车停站方案。

　　① 站站停车。

　　站站停车是指列车在全线所有车站均停车，站站停车方案示意图如图1.3所示。线路上的开行列车种类简单，不存在列车越行情况，乘客无须换乘，也无须关注站台上显示的列车信息。在跨区段、长距离出行乘客比例较大时，站站停车在车辆运用与服务水平方面均未达到最佳状态。

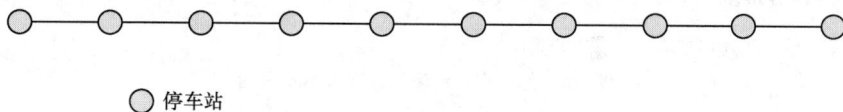

　　○ 停车站

图1.3　站站停车方案示意图

　　② 区段停车。

　　在长短交路的情况下采用区段停车方案，长交路列车在短交路区段外每站停车，在短交路区段内不停车；而短交路列车则在短交路区段内每站停车；短交路列车的中间站同时又是乘客换乘站。区段停车方案示意图如图1.4所示。

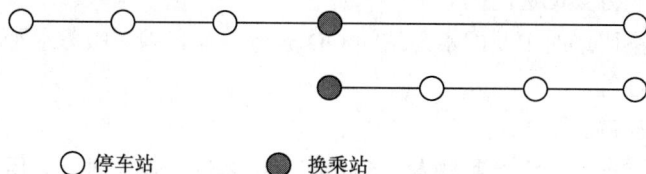

　　○ 停车站　　　　● 换乘站

图1.4　区段停车方案示意图

　　区段停车方案有利于压缩长距离出行乘客的乘车时间、减少车辆运用、降低运营成本。但在行车量较大的情况下列车可能会产生越行，所以需要修建侧线；且在不同交路区段上、下车的乘客会增加换乘时间，而在短交路区段内上、下车的乘客会延长候车时间。

③ 跨站停车。

列车跨站停车方案在长交路的情况下采用，将线路上开行的列车分为 A、B 两类，全线的车站分为 A、B、C 三类，其中 A、B 类车站按相邻分布的原则设置，C 类车站按每隔 4 或 6 个车站分布一个的原则设置。跨站停车方案示意图如图 1.5 所示。

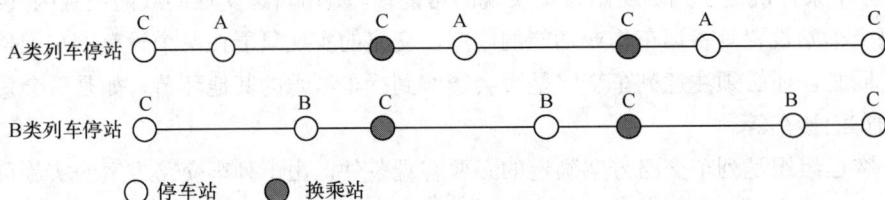

图 1.5　跨站停车方案示意图

A 类车在 A、C 类车站停车，在 B 类车站通过；B 类车在 B、C 类车站停车，在 A 类车站通过。由于 A、B 两类车站的列车到达间隔时间增加，因此在 A、B 两类车站上车乘客的候车时间也会有所增加。此外，在 A、B 两类车站间上（下）车的乘客需要在 C 类车站换乘，这也会增加换乘时间。跨站停车方案比较适用于 C 类车站客流量较大且乘客乘车距离较长的情形。

④ 部分列车跨多站停车。

部分列车跨多站停车是指线路上开行了两类长交路列车，即普速、站站停列车和快速、跨多站停列车，快速列车只在线路上的主要客流集散站停车，而在其他站则不停站通过。部分列车跨多站停车方案示意图如图 1.6 所示。

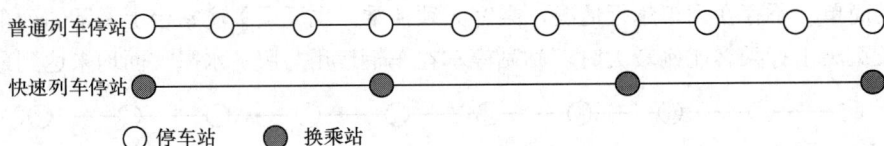

图 1.6　部分列车跨多站停车方案示意图

该停车方案在提高跨多站停车列车运行速度的同时，避免了跨站停车方案存在的部分乘客需要换乘的问题，既能提高运营经济性，又不降低对乘客的服务水平。且该停车方案运用比较灵活，运营部门可根据客流特征，按不同比例确定快速列车开行对数。

在线路通过能力利用率比较高的情况下，采用该停车方案通常会使快速列车越行普速列车。如果不安排列车越行，则只能以降低线路通过能力来保证列车间的间隔时间。

（2）影响列车停站方案比选的因素

影响列车停站方案比选的主要因素为站间 OD 客流特征、乘客服务水平、列车越行、运营经济性和运营组织复杂性等。

① 站间 OD 客流特征。

在长距离出行乘客比例较大及某些发、到站间直达客流也较大时，采用非站站停车方案通常是有利的。在线路上以同一区段内发、到站的短途客流为主时，不宜采用非站站停车方案。

② 乘客服务水平。

非站站停车方案是否可行，应根据站间 OD 客流定量分析计算出长途乘客节约的出行时间与部分乘客增加的换乘与候车时间来判断。如果乘客的节约时间总和大于增加时间总和，或者乘客的节约时间与增加时间基本持平，那么采用非站站停车方案是可行的，能提高或至少不降低乘客服务水平。

③ 列车越行。

在采用非站站停车方案时，必须对列车越行相关问题，如列车越行判定条件、越行站设置数量及位置等做进一步分析。

④ 运营经济性。

采用非站站停车方案能加快列车周转、减少运用车辆数，从而降低运营成本。但采用非站站停车方案时，通常要在部分中间站增设越行线，车站土建与轨道等费用的增加会使车站造价上升。

⑤ 运营组织复杂性。

由于各类列车的停站安排不同以及部分列车在中间站会越行，控制中心、车站控制室对列车运行的监控力度以及站台的乘车导向服务力度均应加强，因此非站站停车方案的运营组织要比站站停车方案更复杂。

任务评价

任务评价表

学习内容	项目一 行车组织认知		姓名	
	任务二 列车运行计划		学号	
评价要素			分值	考核得分
（1）能够描述出全日行车计划			10	
（2）能分析计算车辆配备数量			20	
（3）能说出列车编组方案、交路方案、停站方案的分类			20	
（4）能与组员协作、高质量完成学习汇报			20	
（5）能专注听取同学的汇报			20	
（6）能虚心接受老师或同学的评价			10	
总体得分			100	
教师评语：				

任务三 列车运行图

任务要求

请在图 1.7 上标注出列车运行图中的各组成部分。

通过本任务的学习，能够具备基本的识图能力，进一步理解列车运行图的图解形式及组成。

学习列车运行图后，能够说出列车运行图与列车运行的关系，描述运行图的基本概念，正确识别运行图的格式，说出列车运行图的各要素，掌握列车运行图的编制思路及编制方法。

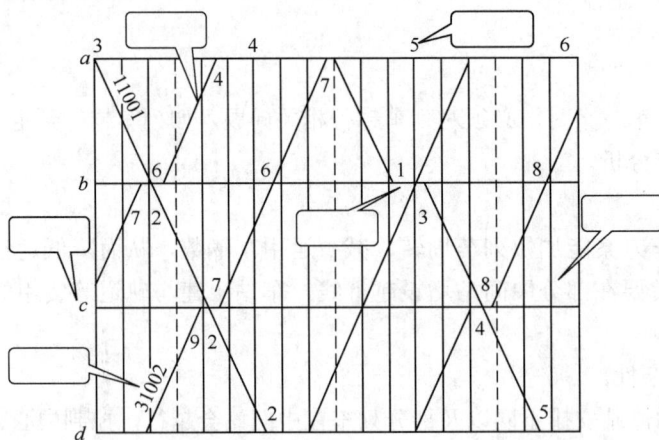

图 1.7　运行图的组成

任务实施

列车运行图是城市轨道交通运营生产的一个综合性计划，是行车组织工作的基础，还是协调城市轨道交通系统各个部门、单位按一定程序进行运营生产活动的重要文件。

一、列车运行图的认知

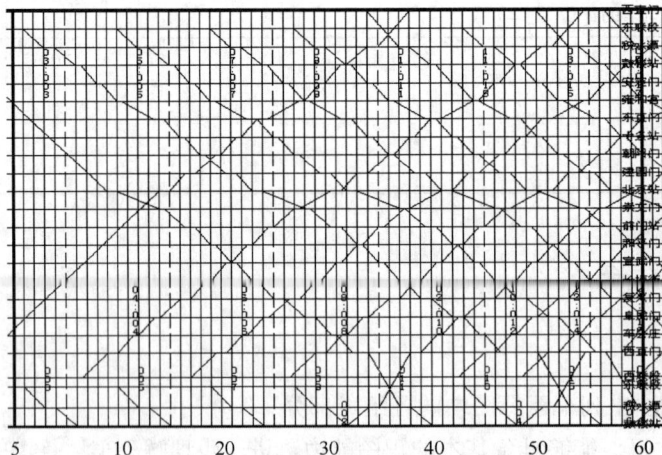

1. 列车运行图的含义

城市轨道交通的行车组织工作需要根据客流分布规律、线路分布情况、列车运能及预计满载率来预先制订行车计划，然后按计划行车。

列车运行图规定了各列次列车占用区间的顺序和时间、列车在各个车站的到发及通过时刻、区间运行时分、停站时分、折返站列车的折返作业时分、列车出入车辆段时分、设备保养维修时间和驾驶员作息时间等，并运用坐标原理以图解的方式把所有这些内容在一张图上表现出来。列车运行图如图 1.8 所示。

列车运行图的认知

图 1.8　列车运行图

对图 1.8 的说明如下。

（1）横坐标。表示时间变量，按要求以一定的比例进行时间划分，城市轨道交通列车运行图通常采用 1 分格或 2 分格，即每一等份表示 1 min 或 2 min。

（2）纵坐标。表示距离变量，其标志点以车站来定义，以车站中心线所在位置进行距离定点，因此它不是等间隔的。

（3）垂直线。是一簇平行的等分线，表示时间等分段。

（4）水平线。是一簇平行的不等分线，表示各个车站中心线所在的位置，一般称为站名线，它的确定主要有以下两种方法。

① 按区间实际里程百分比确定。即按照整个区段各个车站实际里程的比例来确定站名线的位置。采用这种方法，列车运行图上的站间距能完全反映实际情况，能明显表示出站间距的大小。但是由于各区间线路和平面、纵断面不同，列车运行的速度也不相同，因此列车在整个区段的运行线是一条折线。这样画出来的列车运行图非常不美观，而且不利于发现区间运行时分上的差错，因此城市轨道交通企业一般不采用此方法。

② 按区间运行时分百分比确定。即按照整个区段内各车站间列车运行时分的比例来确定站名线的位置。采用这种方法，虽然不能表示出站间距的大小，但是在列车运行图上运行线基本上是一条斜直线，这样既美观，又可以直观地发现列车在区间运行时分上的差错，因此大多数城市轨道交通企业采用此方法。

（5）斜线。列车运行轨迹（径路）线，一般上斜线表示上行列车，下斜线表示下行列车。

（6）运行图上列车运行线与车站的交点。表示该列车到达、出发或通过的时刻。由于城市轨道交通列车停站时间较短，因此一般不标明其发、到时间。

（7）车次。列车运行图上规定了每辆列车的车次，一般来说，上行为偶数，下行为奇数。

2. 列车运行图的作用

列车要实现安全、准点，必须按图行车，因此编制一张经济合理的列车运行图，对充分利用轨道交通设备的能力，满足各时期、各时段乘客运输的需要，使运能和运量很好地结合，既满足乘客出行的需要，又使企业获得最高的经济效益，具有重要的意义。

（1）列车运行图是组织列车运行的基础

列车运行是一个很复杂的系统性问题，它要求各部门、各工种、各项作业之间相互协调配合，以保证列车安全运行并提高运输效率。

列车运行图不仅把沿线各车站、线路、供电、车辆、通信信号等技术设备的运用联合成一个统一的整体，还把所有与行车有关的部门和单位都组织起来，严格地按照一定程序有条不紊地进行工作，从而保证列车安全、准点运行。因此，列车运行图在保证城市轨道交通运营各部门的相互配合和协调工作上起到了重要的组织作用，还起到了组织列车运行的作用。

（2）列车运行图是运行组织的一个综合性计划

城市轨道交通运营行业是一个特殊的行业，它的特殊性表现在其产品不是普通的物质性产品，而是乘客的空间位移。

由于列车运行图规定了各列次列车占用区间的顺序和列车在一个车站到达和出发（或通过）的时刻，还规定了列车在各区间的运行时分、列车在车站的停站时分、折返站列车折返作业时间及列车出入场时刻，因此各业务部门都需要按列车运行图所规定的要求来安排工作。例如，车站根据列车运行图所规定的列车到达和出发时刻，安排本站行车组织工作和客运组织工作；车辆维修部门在每天运营前要准备好满足运营需求的列车数；车辆运转部门要根据列车运行图的要求确定列车的派出时刻和乘务员的作息计划；工务、通信、信号、电、机电等部门也要根据列车运行图来安排施工计划和维修计划。因此，列车运行图是城市轨道交通运行组织的一个综合性计划。

3. 列车运行图的分类

按时间轴的刻度，区间正线数目，列车运行速度，上、下行方向列车数目，同方向列车运行方式和使用范围等的不同，列车运行图可以分为不同的类型。

（1）按时间轴的刻度划分

① 一分格运行图如图 1.9 所示，它的横轴以 1 min 为单位用竖线进行等分。此种运行图主要在地铁、轻轨线路上采用。

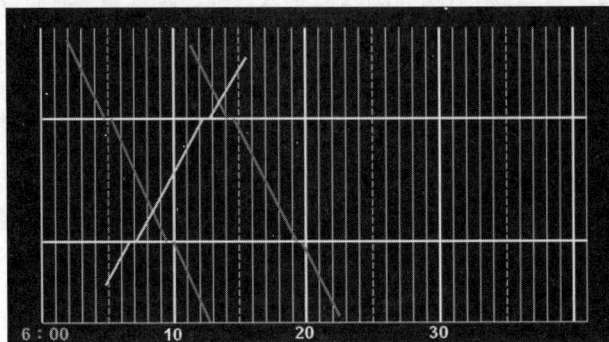

图 1.9　一分格运行图

② 二分格运行图如图 1.10 所示，它的横轴以 2 min 为单位用竖线进行等分。此种运行图主要在市郊轨道交通线路上采用。

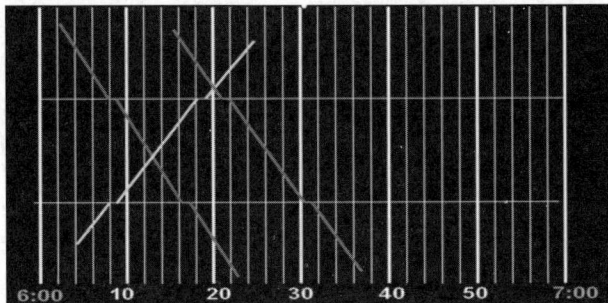

图 1.10　二分格运行图

③ 十分格运行图如图 1.11 所示，它的横轴以 10 min 为单位用竖线进行等分，并且在运行图上需标注 10 min 以下的数字。此种运行图主要在城市轨道交通运营企业中采用。

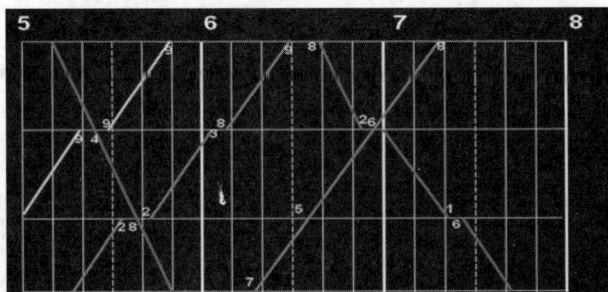

图 1.11　十分格运行图

④ 小时格运行图如图 1.12 所示，它的横轴以 1 h 为单位用竖线进行等分，并且在运行图上标注 60 min 以下的数字。

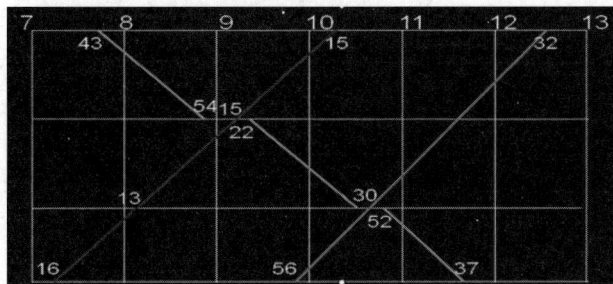

图 1.12　小时格运行图

（2）按区间正线数目划分

① 单线运行图如图 1.13 所示，在单线区段上，上、下行方向的列车都在同一正线上运行，两个方向的列车必须在车站进行交会。

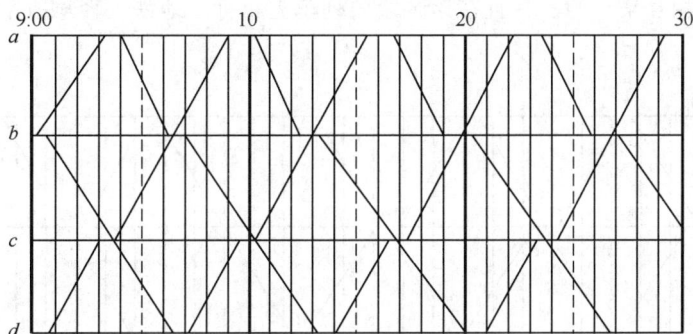

图 1.13　单线运行图

② 双线运行图如图 1.14 所示，在双线区段上，上、下行方向的列车分别在各自的正线上运行，两个方向的列车运行互不干扰。绝大多数地铁、轻轨都采用此种类型的运行图。

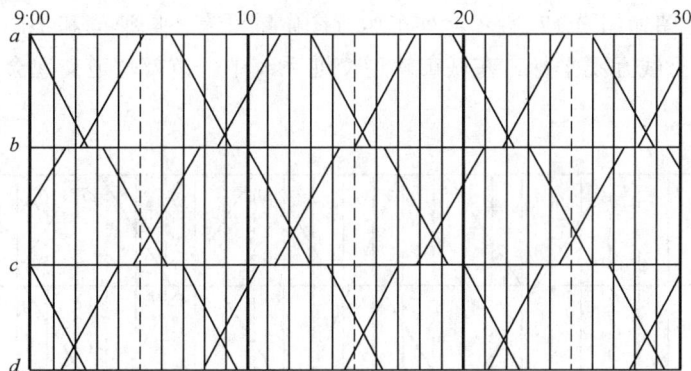

图 1.14　双线运行图

③ 单双线运行图如图 1.15 所示，单线区段和双线区段分别按照单线和双线运行图的特点铺画运行图。

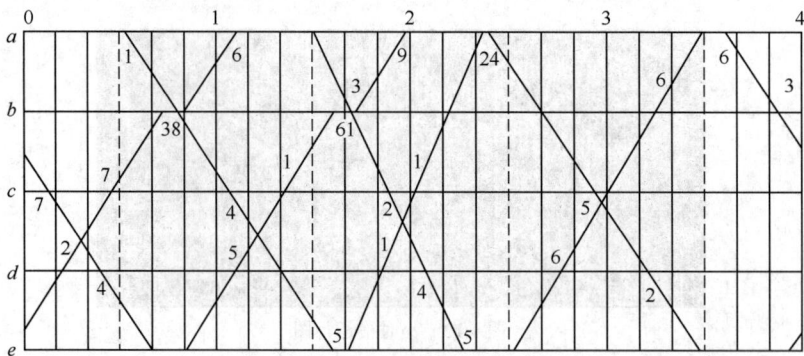

图 1.15　单双线运行图

（3）按列车运行速度划分

① 平行运行图如图 1.16 所示，在同一区段内，同一方向的列车运行速度相同，因此运行图中的列车运行线是相互平行的，并且在该区段内列车无越行。地铁、轻轨所用运行图通常都是此种类型。

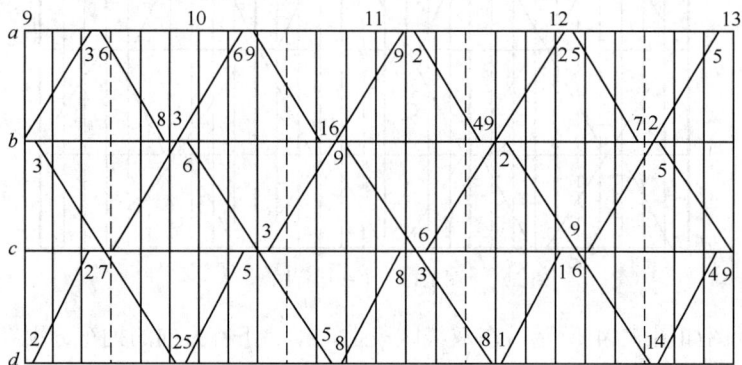

图 1.16　平行运行图

② 非平行运行图如图 1.17 所示，列车运行图中铺画有不同速度和不同类型的列车，因此运行图中的列车运行线互不平行。在城市轨道交通系统中，市郊轨道交通会采用此种类型的运行图。

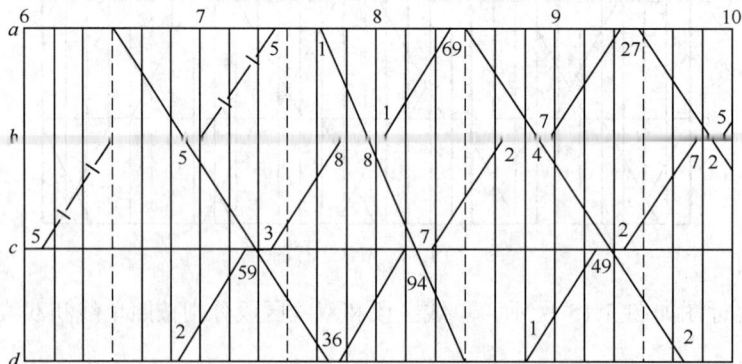

图 1.17　非平行运行图

（4）按上、下行方向列车数目划分

① 成对运行图如图 1.18 所示，在这种运行图上，上、下行两个方向列车的数目是相等的。

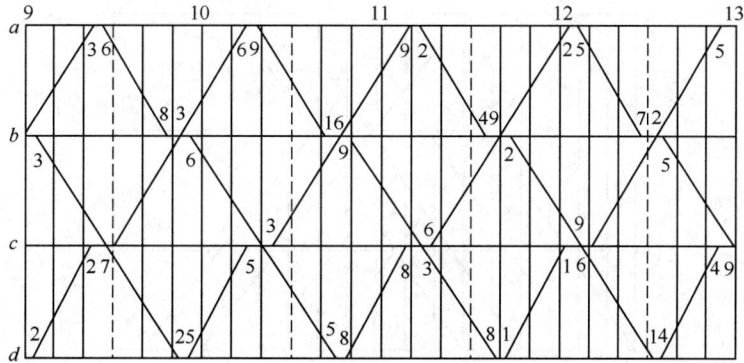

图 1.18　成对运行图

② 不成对运行图如图 1.19 所示，在这种运行图上，上、下行两个方向列车的数目是不相等的。

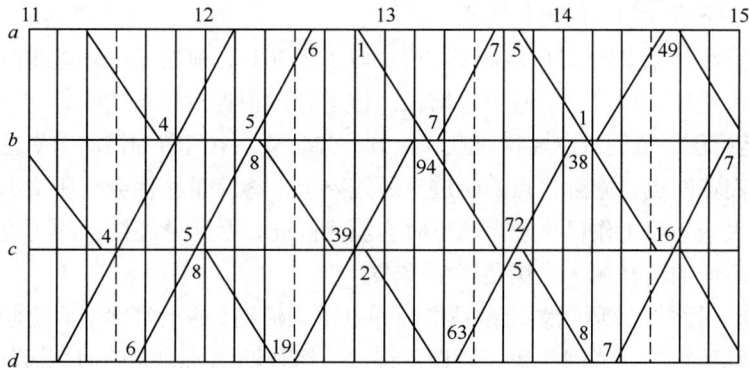

图 1.19　不成对运行图

城市轨道交通的上、下行列车数目基本相等，故大都采用成对运行图，只有在上、下行方向运量不相等的个别区段才采用不成对运行图。

（5）按同方向列车运行方式划分

① 连发运行图如图 1.20 所示，在这种运行图上，同方向列车的运行以站间区间为间隔。

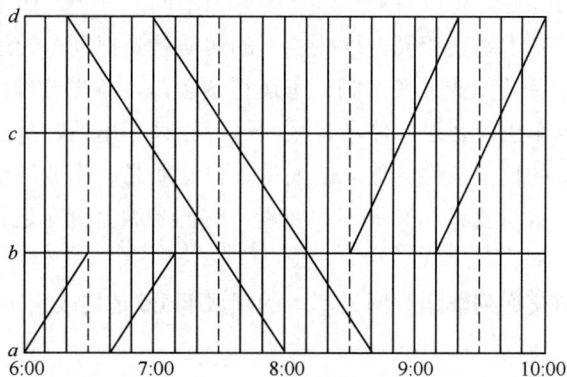

图 1.20　连发运行图

② 追踪运行图如图 1.21 所示，在这种运行图上，同方向列车的运行以闭塞分区为间隔，一个站间区间内允许几列列车同时运行。目前，大多数地铁、轻轨采用这种追踪运行图。

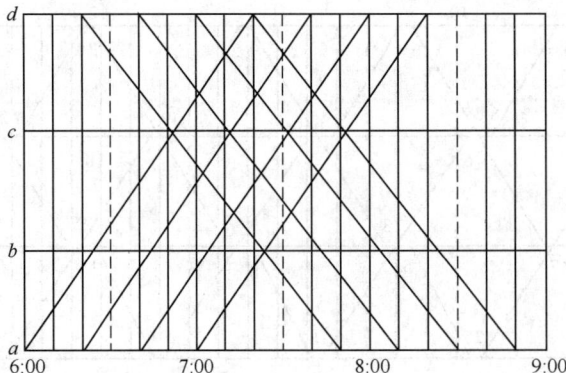

图 1.21　追踪运行图

（6）按使用范围划分

① 工作日运行图。该运行图根据每个工作日出现的早、晚 2 个高峰的客流特征而编制，主要满足城市居民上、下班（学）的出行需求。

② 双休日运行图。在双休日出现的早、晚高峰并不明显。根据城市轨道线路沿线分布的不同特征，双休日客流量较工作日有所减少或增加。该运行图根据双休日的实际客流特征编制。

③ 节假日运行图。节假日主要指元旦、春节、劳动节、中秋节和国庆节等法定节假日。节假日期间，在连接商业网点、旅游景点的轨道交通线路上，客流量往往会有所增加。节假日前的晚高峰小时客流会大于一般工作日早晚高峰小时客流。因此，从运营经济性的角度考虑，应根据不同的客流量编制不同的运行图，以满足运量需求。

④ 其他特殊运行图。该运行图通常是指因举办重大活动、遇天气骤变而引起短期性客流量的激增而编制的特殊运行图，或因新线开通设备调试、运行演练而编制的演练运行图等。

以上所列举的分类，都是针对列车运行图的某一特性进行区分的。实际上，每张列车运行图都有若干方面的特点，根据城市轨道交通系统的线路运营特点，列车运行图一般为双线平行成对追踪运行图。

二、列车运行图的基本要素

根据列车运行图的特殊性，可以将列车运行图分为不同的种类。而不同种类的列车运行图的共性则是组成它们的各项基本要素相同。这些要素的实质就是把列车的运行过程按空间或时间上的衔接特征划分为若干个单项作业。在编制列车运行图之前，首先要确定这些基本要素。

列车运行过程分为列车出段、进站停车、区间运行、列车出站、折返等单项作业。其决定因素有活动设备和固定设备的技术条件、作业的人员、作业质量、作业环境条件等。列车运行图的基本要素包括时间要素、数量要素和其他相关要素，它们是编制列车运行图的基础和前提。

1. 时间要素

时间要素是城市轨道交通列车运行图最基本的组成部分，是构成列车运行图的基本要素之一。

（1）区间运行时分

列车区间运行时分是指相邻两个车站之间的运行时间标准，即列车由某站起动后不再停车，按规定速度运行至另一站并完全停稳这一系列作业所需要的时间。这个时间是以牵引计算为理论依据，并结合查标和列车试运行的方法确定的。

列车区间运行时分的数值取决于许多因素，其中主要有列车车辆类型及构造速度、列车质量标准、列车制动力、线路平纵断面和允许速度等。为合理地查定各种列车的区间运行时分，必须正确规定及计算与之有关的各种单项技术标准，同时对各种列车和上、下行方向分别查定。

此外，列车区间运行时分还应根据列车在每一个区间的两个车站上不停车通过和停车两种情况分别查定。列车不停车通过两相邻车站所需的区间运行时分称为纯运行时分。因列车到站停车和停站后出发而使区间运行时分延长的时分称为停车附加时分和起车附加时分。起停车附加时分应根据列车种类以及进出站线路的平面、纵断面条件，分别计算查定。因此，列车区间运行时分有四种情况，即通通、通停、起通、起停。列车区间运行时分示意图如图 1.22 所示，相关算式为

$$T_{运} = t_{纯运} + t_{起} + t_{停}$$

式中　$T_{运}$——列车区间运行时分，min；

$t_{纯运}$——列车不停车通过两相邻车站所需的区间运行时分，min；

$t_{起}$——起车附加时分，min；

$t_{停}$——停车附加时分，min。

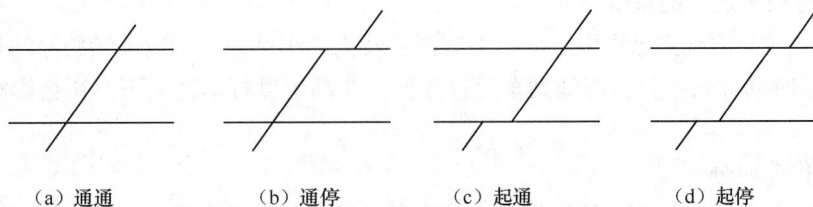

（a）通通　　　　　（b）通停　　　　（c）起通　　　　（d）起停

图 1.22　列车区间运行时分示意图

在实际运行中，由于列车性能、列车质量、司机驾驶熟练程度等原因，因此实际的区间运行时分与牵引计算值之间存在一定的误差。但随着时间的推移，在适当的条件下可以对区间运行时分进行修正，以达到充分发挥各项设备能力的目的，并满足运营的需要。

（2）列车停站时分

在城市轨道交通系统中，列车试风、车组的技术检查以及乘务人员的交接班都在该列车服务完成后进行，中间站停车主要用于乘客乘降。因此，列车停站时分是指列车在中间站完成乘客乘降作业所需要的停车时间标准。列车停站时间应在满足客运组织要求的前提下尽可能地压缩，以提高线路通过能力和运行速度。影响列车停站时间的因素主要有车站上（下）车人数、平均上（下）一个乘客所需时间、开（关）门时间、车门和屏蔽门的不同步时间、确认车门关妥与信号显示时间、司机确认车门和屏蔽门关好的时间等。

为保证乘客的安全，车辆只有在停妥的情况下才能开、关车门。车门开、关的时间与车辆的类型有关。一般开门时间大约为 5 s，关门时间为 3～5 s。如果站台上采用了屏蔽门设置，那么还要考虑屏蔽门与车门之间的时间差。

乘客上、下车的时间与乘客数量（主要考虑高峰期人数）、车辆车门数和宽度、站务员的疏导管理有密切的关系。根据国内目前的城市轨道交通运营经验统计，一位乘客上、下车约需 0.6 s，计算公式为

$$t_{\text{上下}} = \frac{0.6Q_{\text{上下}}}{N_{\text{列}}M}$$

式中　$t_{\text{上下}}$——乘客上、下车的时间，s；

　　　$Q_{\text{上下}}$——高峰小时一个方向上本站上、下车人数之和，人；

　　　$N_{\text{列}}$——高峰小时通过本站的列车对数，对；

　　　M——每列车的车门数，个。

列车停站作业的时间标准，一般通过将客流预测分析计算的理论值和实际查标结果相结合来确定。在满足实际需要的条件下，应最大限度地缩短列车停站时间，以提高列车的运行速度。

由于乘客的上、下车人数在时间上具有波动性，随天气、时段、地点的变化而改变，而且不同运行时段（高峰、低峰）和不同运行区段（大客流区间、小客流区间）的车厢内乘客密度也不均衡（尤其对于新线开通时的运行情况），因此在计算结果外应考虑一定的富余量，其计算公式为

$$T_{\text{停站}} = t_{\text{门}} + t_{\text{上下}} + \Delta t$$

式中　$T_{\text{停站}}$——每列车在车站上的停留时间，s；

　　　$t_{\text{门}}$——开、关门时间，s；

　　　$t_{\text{上下}}$——乘客上、下车时间，s；

　　　Δt——每列车适当的富余时间，s。

在实际停站时间的确定过程中，除个别客流量较大的车站外，一般车辆的停站时间应控制在20～30 s。停站时间过长不仅会降低列车运行速度，在高密度行车情况下，还会影响到后续列车的运行。

（3）折返作业时分

折返作业时分是指列车到达终点站或在具有折返能力的中间站进行折返作业时所必需的时间总和。该时间一般由设计部门通过牵引计算和实际查标相结合的方式确定。

列车折返方式分为站前折返和站后折返。站前折返是列车经由站前渡线进行折返，站后折返是列车利用站后尽端折返线进行折返。不同的折返布置形式，使得列车折返所需的时间也不同。

折返作业时分主要包括确认信号时间、列车驶入（出）折返线时间、司机交接班时间、办理进路时间等，主要受折返线折返方式、列车长度、列车制动能力、信号设备水平、司机操作水平等多个因素影响。在城市轨道交通系统中一般采用站后折返方式，只有在非正常情况下（如列车严重晚点、站后折返线道岔故障、列车运行调整时）才采用站前折返方式。列车在终点站进行站后折返作业的过程图如图 1.23 所示。

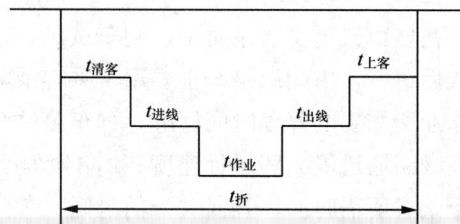

图 1.23　列车在终点站进行站后折返作业的过程图

折返作业时分计算公式为

$$t_{\text{折}} = t_{\text{纯折}} + t_{\text{清客}} + t_{\text{上客}}$$

式中　$t_{\text{折}}$——列车在车站折返作业时分，min；

　　　$t_{\text{纯折}}$——列车在车站纯折返作业时分，min；

　　　$t_{\text{清客}}$——列车在下客站台清客时分，min；

　　　$t_{\text{上客}}$——列车在上客站台上客时分，min。

城市轨道交通系统纯折返作业时分是指列车自终点站下客站台行车时起，运行到达上客站台

并停稳时止所需的运行时间，其计算公式为

$$t_{纯折} = t_{作业} + t_{进线} + t_{出线}$$

式中　$t_{作业}$——包括道岔区段进路解锁延迟、排列折返进路、开放调车信号、司机交接班、列车更换操作台等各项作业时间，min；

$t_{进线}$——列车驶入折返线的走行时间，min；

$t_{出线}$——列车驶出折返线的走行时间，min。

（4）运行间隔时间

城市轨道交通的列车运行间隔根据一天的客流特点来确定，工作日呈现早、晚高峰客流量最大，双休和节假日客流量大且均匀，主要集中在白天时间段。因此，不同使用范围的列车运行图最大区别是相同时段的运行间隔时间不同，其计算方法为

$$t_{间隔i} = \frac{3\,600mp\beta_i}{M_i}$$

式中　$t_{间隔i}$——第i时段的列车运行间隔时间，s；

m——列车编组数量，辆/列；

p——车辆定员数量，人/辆；

β_i——第i时段的列车满载率；

M_i——第i时段的最大断面客流量，人/h。

在城市轨道交通列车运行图的编制过程中，列车运行间隔除要满足各时段（特别是高峰时段）的客流需求外，还需要考虑线路在不同运营阶段受到投入运用的列车数量、技术设备、折返能力、列车停站时间等不同因素的限制问题。因此，按上述方法计算出的理想运行间隔往往无法实现，在实际计算列车运行间隔时间时，需要考虑不同时段实际运行间隔时间与列车运行周期和列车运用数量间的相互关系，以最大限度地满足在既有设备条件下不同时段的客流需求。

（5）列车运行周期

列车运行周期是指列车在指定运行交路的始发站、终点站间往返运行一次所花费的总时间。该时间由列车上行单程运行时间、下行单程运行时间、始发站的折返时间和终点站的折返时间四部分组成，其计算公式为

$$t_{周期} = t_{上单程} + t_{下单程} + t_{始折} + t_{终折}$$

式中　$t_{上单程}$——列车上行单程运行时间，min；

$t_{下单程}$——列车下行单程运行时间，min；

$t_{始折}$——列车在始发站折返时间，min；

$t_{终折}$——列车在终点站折返时间，min。

（6）车站间隔时间

车站间隔时间是指在车站上办理两列车的到达、出发或通过作业所需要的最小间隔时间，它是限制全线能力的最重要因素。在查定车站间隔时间时，应遵守有关规章制度的规定及车站技术作业时间标准，以保证行车安全和最有效地利用区间通过能力。

常用的车站间隔时间包括相对方向列车不同时到达间隔时间、会车间隔时间、同方向列车连发间隔时间、同方向列车不同时发到间隔时间等几种。车站间隔时间的长短，与车站邻接区间的行车闭塞方法、信号和道岔的操纵方法、车站类型、接近车站的线路平面和纵断面情况、列车类型、列车的质量和长度等因素有关。

① 相对方向列车不同时到达间隔时间（$\tau_{不}$）。

相对方向列车不同时到达间隔时间是指在单线区段相对方向上列车在车站交会时，自某一方向的列车到达车站之时起，至对向列车到达或通过该站时止的最小间隔时间。

为提高列车运行速度，在列车交会时，除上、下行列车在同一车站都有作业需要停车外，原则上只使交会的两列车中的一列通过车站。因此，在运行图上常采用一列停车、一列通过的不同时到达间隔时间，相对方向列车不同时到达间隔时间如图 1.24 所示。

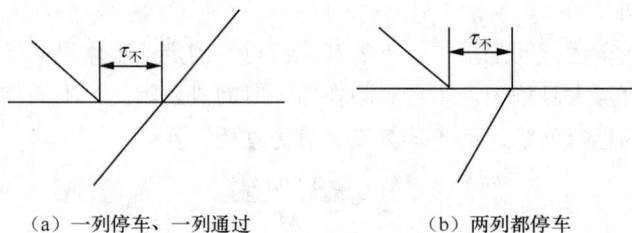

（a）一列停车、一列通过　　　　　（b）两列都停车

图 1.24　相对方向列车不同时到达间隔时间

② 会车间隔时间（$\tau_{会}$）。

在单线区段内，自列车到达或通过车站时起，至由该站向这个区间发出另一对向列车时止的最小间隔时间，称为会车间隔时间。会车间隔时间在运行图上的表示形式如图 1.25 所示。

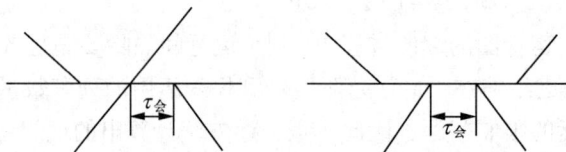

图 1.25　会车间隔时间在运行图上的表示形式

会车间隔时间是车站办理各项作业所需要的全部时间。主要作业包括确认先到列车的到达或通过时间、与来车方向的邻站办理闭塞的时间、准备发车进路及开放出站信号机的时间、发车作业时间等，其计算公式为

$$\tau_{会} = t_{作业}$$

③ 同方向列车连发间隔时间（$\tau_{连}$）。

在双线区段内，从列车到达或通过前方邻接车站时起，至由车站向该区间再发出另一同方向列车时止的最小间隔时间称为同方向列车连发间隔时间。需要考虑的因素有两相邻车站间距离、线路状况、行车类型、运行时间、停站时间、发车时间、司机确认时间等。根据列车在前后两车站停车或通过的情况，连发间隔时间有下列四种形式：

a．两列车均通过前、后两车站，如图 1.26（a）所示；

b．第一列车在前方站停车，第二列车在后方站通过，如图 1.26（b）所示；

c．第一列车在前方站通过，第二列车在后方站停车，如图 1.26（c）所示；

d．两列车在前后两站均停车，如图 1.26（d）所示。

根据上述四种形式的特点，可以将其归纳为两种类型。第一种类型为图 1.26（a）、图 1.26（b）两种形式。可以看出，这一类型的同方向列车连发间隔时间由两部分组成。

后方站为第二列车办理闭塞、准备接车进路和开放信号等的作业时间 $t_{作业}$ 和第二列车通过后方站进站距离 $L_{进站}$ 的时间 $t_{进站}$，其计算公式为

$$\tau_{连} = t_{作业} + t_{进站}$$

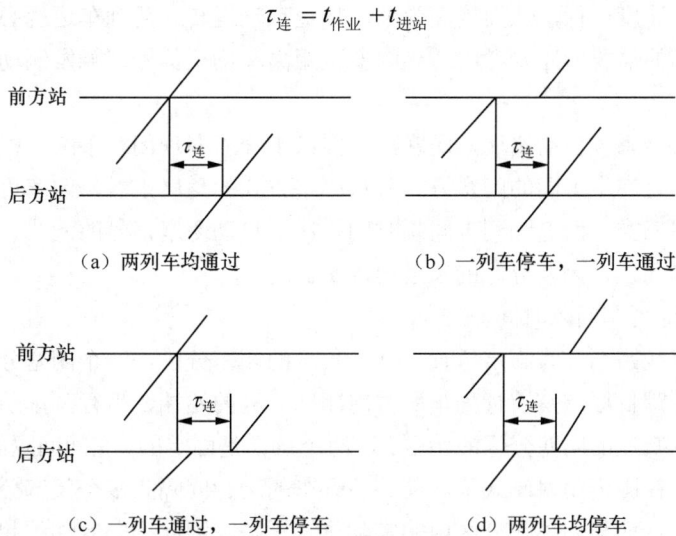

（a）两列车均通过　　　　　　（b）一列车停车，一列车通过

（c）一列车通过，一列车停车　　　（d）两列车均停车

图1.26　同方向列车连发间隔时间

第二种类型为图1.26（c）、图1.26（d）两种形式。可以看出，这一类型的同方向列车连发间隔时间根据车站作业时间及信号设备条件查定，是后方站为第二列车办理闭塞、准备发车进路和开放信号等的作业时间$t_{作业}$，其计算公式为

$$\tau_{连} = t_{作业}$$

④ 同方向列车不同时发到间隔时间（$\tau_{发到}$）。

自列车由车站出发时起，至同方向另一列车到达车站时止的最小间隔时间称为同方向列车不同时发到间隔时间，同方向列车不同时发到间隔时间如图1.27所示。

同方向列车不同时发到间隔时间由以下三部分组成：

a. 出发列车通过出站距离$L_{出站}$的运行时间$t_{出站}$（列车驶离并清空站台所需要的时间）；

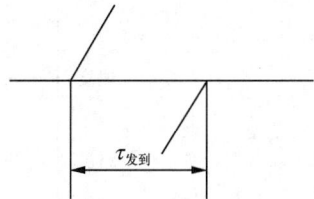

图1.27　同方向列车不同时发到间隔时间

b. 进路解锁、车站办理闭塞准备进路、开放信号及延迟的时间$t_{作业}$；

c. 到达的同方向列车通过进站距离$L_{进站}$的运行时间$t_{进站}$。

其计算公式为

$$\tau_{发到} = t_{出站} + t_{作业} + t_{进站}$$

但必须注意的是，城市轨道交通系统中不同信号模式（固定闭塞、移动闭塞）下的同方向列车不同时发到间隔时间的计算要素不同。同时要注意的是，同方向列车连发间隔时间发生在前、后两个车站上，而同方向列车不同时发到间隔时间发生在同一个车站上。

（7）追踪列车间隔时间

城市轨道交通追踪列车间隔时间是同一方向追踪运行的两个列车间的最小允许间隔时间，根据从一列车头部到另一列车头部的时间计算确定。

目前，我国绝大多数城市轨道交通企业都采用自动闭塞（又称空间间隔法或距离间隔法），把线路划分为若干个区间或分区，在每个分区内同时只允许一列列车运行，使前行列车和追踪列车保持一定距离。这种行车方法具有几个明显的优点：一是能严格把列车分隔在不同的空间中，从而有效防止列车追尾，确保列车运行安全；二是因在一个分区的同一时间内只允许一列列车运行，列车可按规定的较高速度运行，从而提高效率，加速车辆运转。两列车运行必须保持的间隔至少应满足后车制动距离的需要，还要考虑适当的安全距离和确认信号、触发制动过程中列车的运行距离。

自动闭塞是由信号系统自动实现的闭塞，不需人工介入办理闭塞手续。根据列车控制系统采用的不同控制模式，会产生不同的闭塞方式。从闭塞方式的角度来看，闭塞可分为固定闭塞、准移动闭塞和移动闭塞三类，而追踪列车间隔时间取决于自动闭塞信号的制式、列车长度、列车运行速度、列车停站时间以及闭塞分区的长度等因素。

① 固定闭塞追踪列车间隔时间。

固定闭塞系统将线路划分为固定位置、某一长度的闭塞分区，一个闭塞分区只能被一列列车占用。固定闭塞的追踪目标点是前行列车所占用闭塞分区的始端，后行列车从最高速度开始制动的计算点为要求开始减速的闭塞分区的始端。这两个点都是固定的，空间间隔的长度也是固定的，所以称为固定闭塞。在固定闭塞制式下，前、后列车的运行间隔为多个闭塞分区，列车定位以固定分区的长度为单位，而与列车在分区内的实际位置无关，因此列车制动的起点和终点总在某一分区的边界上。为充分保证安全，必须在两列列车之间增加一个防护区段，这使得列车间的安全间隔距离较大。因此，其系统存在传输信息量较少、对列车运行的控制精度不高、列车安全保护距离较长的缺陷，不利于缩短列车运行间隔时间，不适合运量较大的城市轨道交通线路的信号系统。固定闭塞系统原理如图 1.28 所示。

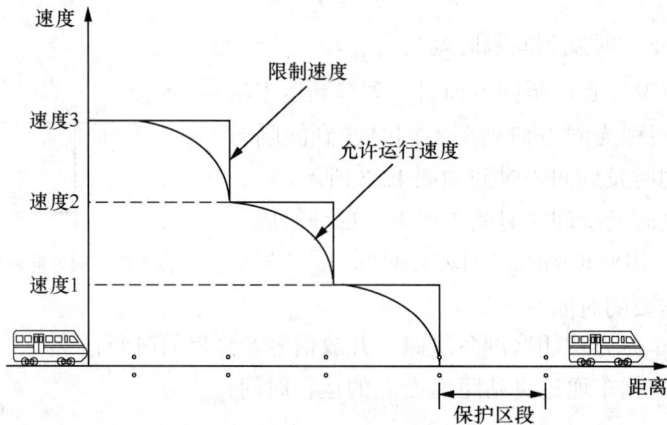

图 1.28　固定闭塞系统原理

由于城市轨道交通追踪列车经过车站时的间隔时间远大于列车在区间运行时的间隔时间，因此追踪列车间隔时间是根据前、后两列追踪列车先后经过车站必须保持的最小列车间隔距离计算得到的间隔时间。从图 1.28 中可以看出，固定闭塞追踪列车间隔时间的计算公式为

$$t_{追} = t_{运行} + t_{制动} + t_{停站} + t_{出站}$$

式中　$t_{追}$——追踪列车间隔时间，s；

　　　$t_{运行}$——后行列车从初始位置起，至开始制动时止的运行时间，s；

　　　$t_{制动}$——后行列车从开始制动时起，至到达站内停车时止的制动时间，s；

　　　$t_{停站}$——后行列车在车站的停车作业时间，s；

　　　$t_{出站}$——后行列车从车站起动加速时起，至出清完站台并驶出安全防护距离时止的运行时间，s。

② 准移动闭塞追踪列车间隔时间。

准移动闭塞仍需对线路进行闭塞分区的划分，其系统根据列车前方目标距离、列车目标速度、线路状况（曲线半径、坡道数据）、列车性能等信息来确定速度控制曲线，实现对列车的控制。准移动闭塞仍以闭塞分区的长度为列车最小安全行车间隔，但可根据目标速度和目标距离随时调整列车间隔。将前行列车所占用的闭塞分区的始端作为后续列车的追踪目标点，是介于固定闭塞与移动闭塞之间的一种闭塞方法。

准移动闭塞在控制列车的安全间隔上比固定闭塞更进了一步。它采用报文式轨道电路或环线来判断分区占用情况并传输信息，信息量大，可以告知后续列车继续前行的距离，使后续列车可根据这一距离合理地采取减速或制动行为，列车制动的起点可延伸至保证其安全制动的地点，从而可改善列车速度控制、缩小列车安全间隔、提高线路利用率。但准移动闭塞中后续列车的最大目标点仍必须在前行列车占用分区的外部，因此它并没有完全突破轨道电路的限制。

从图 1.29 中可以看出，前、后两辆追踪列车最小间隔距离为后行列车在当前速度下所需的制动距离和前行列车的尾端保护距离之和，其追踪列车间隔时间即为后行列车以当前速度从初始位置运行至制动停车、停站作业和起动出站所消耗的时间。

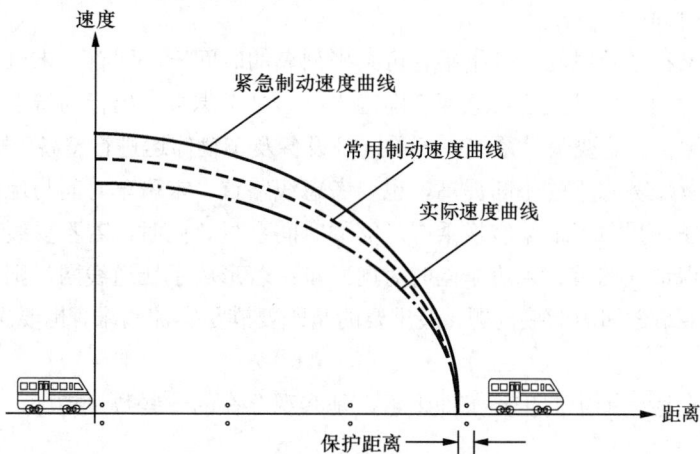

图 1.29 准移动闭塞系统原理

③ 移动闭塞追踪列车间隔时间。

移动闭塞系统没有固定的闭塞分区，而是将线路分成了若干个通过数据库预先定义的线路单元，每个单元长度从几米到十几米不等。移动闭塞分区即由一定数量的线路单元组成，线路单元的数量可随着列车的速度和位置而变化，分区的长度也随之动态变化。

移动闭塞系统利用通信技术，通过车载设备、现场通信设备与车站或列车控制中心实现信息交换来完成速度控制。列车间的最小运行间隔距离由列车在线路上的实际运行位置和运行状态确定。控制中心通过车载设备和轨旁设备不间断地与之双向通信，根据列车实时的速度和位置动态计算出列车的最大制动距离。列车的长度加上这一最大制动距离，再在列车后方加上一定的防护距离，便组成了一个与列车同步移动的虚拟分区。由于这保证了列车前后的安全距离，两个相邻的移动闭塞分区就能以很小的列车追踪间隔同时前进，因此列车能以较高的速度和较小的间隔运行，从而提高运输能力，移动闭塞系统原理如图 1.30 所示。

从图 1.30 中可以看出，在前行列车出清车站与保持安全防护距离时，后行列车以规定速度恰好运行至进站位置，所以其追踪列车间隔时间即为后行列车制动停车、停站作业和起动出站所消耗的时间之和。

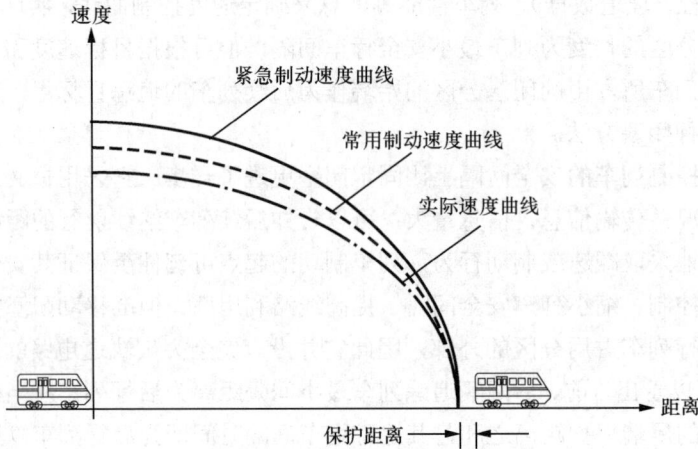

图 1.30 移动闭塞系统原理

（8）运营服务时间

运营服务时间又称营业时间，是指乘客可乘坐列车的时间段，即首、末班车的时间跨度，一般因城市而异。其时间的安排主要考虑两方面因素：一是考虑乘客出行的特点，要方便其乘车，满足其城市生活需要；二是要满足系统中各项技术设备及车辆停运进行整备、检修、施工的需要。

另外，随着运营服务水平的不断提高，也要考虑线路首、末班车时间与地面公交、相邻铁路或高铁站的衔接问题，尽量保证乘客换乘有足够的时间余量。同时，若不受线路车辆段或车场位置的限制，可尽量保证线路首、末班车同时对向发车；若形成了轨道线网，则还要考虑各条线路首、末班车与各换乘站之间的衔接问题，最重要的是既要满足客流需求，也要满足夜间施工需求。

2. 数量要素

数量要素是列车运行图中的重要条件因素，是客观存在的一些数量指标，它直接影响列车运行图的全部内容。

（1）全线分时段客流分布

全线分时段客流分布可对客流的时间分布进行预测、调查分析，以确定不同高峰时段的客流量。根据不同时段的客流分布特征，技术人员可对列车运行图高峰时段进行划分，并合理安排列车编组数、列车运行列数，使其作为编写开行不同形式运行方案（开行区间列车、连发列车）的主要依据。

在线路运营分析或列车运行图编制的实际运用中，为充分做到车流、客流相吻合，除掌握全天各小时内的客流分布外，还要掌握其在 0.5 h 乃至 10 min 内的变化量。上述客流数据一般通过 AFC 系统得到。

（2）全日分时最大断面客流量

全日分时最大断面客流量通常是在高峰小时断面客流量的基础上，根据全日客流分布图来计算确定。若条件允许，采用分时断面客流量分布计算所得的全日分时最大断面客流量数据更为准确可靠。此数据主要用于了解全日各小时最大断面客流量出现的区间、时段及客流量，在编制列车运行图方面做到运力与运量相匹配。

（3）满载率

① 列车满载率。

列车满载率是指列车实际载客量与列车定员数之比。编制列车运行图时，既要保证一定的列车满载率，又要留有一定的余地，还要兼顾某些不可预测因素带来的客流量波动和乘客的舒适程度。

② 线路断面满载率。

线路断面满载率是指在单位时间内特定断面上的车辆载客能力利用率。在实际工作中，线路断面满载率通常是指在早高峰小时，单向最大客流断面的车辆载客能力利用率。其计算公式为

$$线路断面满载率 = \frac{单向最大断面客流量}{客运列车数 \times 列车编组辆数 \times 车辆定员} \times 100\%$$

线路断面满载率既反映了高峰小时开行列车对最大客流断面的满载程度，也反映了乘客乘坐列车的舒适程度。为提高车辆运用效率、降低运输成本和提高经济效益，在编制列车运行图时，轨道交通系统多采用列车在高峰小时适当超载的做法。

（4）列车最大载客量

列车最大载客量是指列车根据定员载客量和线路断面满载率计算的允许运送的最大乘客数。其计算公式为

$$列车最大载客量 = 列车定员 \times 线路断面满载率$$

（5）平均运距

平均运距是指乘客平均乘坐距离，一般通过 AFC 系统得到。

（6）运用车辆数

运用车辆数是指为完成日常运输任务而配备的技术状态良好的车辆数。运用车的需要数与高峰小时开行列车数、列车周转时间及列车编组辆数等因素有关。其计算公式为

$$运用车辆数 = \frac{高峰小时开行列数 \times 列车周转时间 \times 列车编组辆数}{60}$$

在列车的编组辆数固定不变的情况下，可直接通过某时段的行车间隔和列车运行周期确定此时段所需的运用车组数。其计算公式为

$$运用车组数 = \mathrm{int}\left(\frac{列车运行周期}{行车间隔}\right) + 1$$

当列车在折返站的出发间隔时间大于高峰小时的平均行车间隔时，可在折返线上预留列车进行周转，此时运用车辆数需要相应增加。但在一条线路开通运营初期，往往按"以车定运"的原则确定运用车辆数，并非仅根据公式计算出的理论数据来确定。

（7）备用车

为适应客流变化，确保完成紧急运输任务以及预防运用车发生故障，必须保有若干辆技术状态良好的备用车。备用车的数量一般控制在运用车的 10%。备用车原则上停放在车辆段或车场内，但根据线路的客流特征、车辆段位置、运行方案安排，可适当安排少数备用车停放于线路两端终端站或具备存车和折返能力的中间站，方便首、末班车的发车，减少空驶里程，提高运营效率。另外，可为行车调度员在运用车发生故障或发生突发事件进行运行调整时带来一定的灵活性和便利性，能在一定程度上缩短故障恢复时间，减小事故影响范围。

（8）出入段能力

单位时段通过出入段线进入正线的最大列车数，即出入段能力。由于车辆段与正线车站之间的出入段线有限，加之出入段列车进入正线时会受到正线通过能力的影响，因此出入段能力是编制列车运行图时的重要考虑因素。

3. 其他相关要素

其他相关要素是指除时间、数量要素外，对编制列车运行图有一定影响的因素，也需要对其进行一一考虑。

（1）与路面公共交通的衔接

各种城市公共交通是一个密不可分的整体。而城市轨道交通是城市公共交通的一个重要组成部分，乘客出行往往需要换乘几次，既要乘坐地铁，又要乘坐公共汽车，所以列车运行图必须力争与其他地面公共交通工具相衔接。编制列车运行图时除要根据客流安排列车间隔外，还要考虑火车站的列车到、发时间和公共汽车的始发站和终点站的位置。编制人员应了解城市轨道交通沿线公共汽车的末班车时间，从而合理安排开行列车，给乘客提供方便。

（2）电客车检修作业的要求

编制的列车运行图要与电客车检修作业相协调，以保证电客车处于良好的状态，保证其能正常投入使用。因此，编制列车运行图时，要根据车辆部门的检修要求，在满足客运任务的前提下，根据列车的连续走行里程数安排一定的时间回段进行检修。

（3）调试车开行

每当电客车完成规定的修程后，都要以静态和动态调试方式进行试运行，确认其达到规定指标后，才能投入运营。此外，列车在运行中因发生较大故障而修复后也要进行调试。这种以调试方式进行的试运行称为调试车开行。

（4）乘务制度

乘务制度是车辆段根据车辆运用特点对乘务人员的出乘做出的相应规定。乘务制度的不同，不仅会影响列车运行图的编制，还会给运营组织带来很大的影响。目前，城市轨道交通乘务制度正在由原来的包乘制改为轮乘制。

包乘制是指列车的值乘驾驶员固定，由若干个驾驶员包乘。包乘制便于驾驶员掌握车辆性能、状态，有利于增强驾驶员对列车保养的责任感。但采用包乘制时，驾驶员劳动生产率较低，对车辆运用计划的编制要求较高。另外，夜班驾驶员下班不便。

轮乘制是指列车的值乘驾驶员不固定，由各个驾驶员轮流值乘。轮乘制有利于合理安排驾驶员作息时间，以较少的驾驶员完成乘客输送任务。但驾驶员对车辆性能、状态的熟悉程度和对车辆保养的责任心可能不如包乘制。为此，需要建立制度、加强教育，明确驾驶员的职责，来提高车辆保养质量。

目前，大多数城市轨道交通线路采用轮乘制，这既考虑了提高劳动生产率的因素，也考虑了车辆可靠性不断提高的因素。

（5）行车组织办法

行车组织办法是保证安全行车和提高运输效率的关键，它取决于采用的闭塞方式、特殊地带的特殊规定、各种行车设备的能力和存车线存车能力。存车线存车能力是指在一条运营线上的中间站所具有的存放车配线的多少及存车数量，这个能力是编制列车运行图时应十分注意的一个问题。存车线存车能力越大，编制列车运行图的灵活性就越大。

（6）区间及车站通过能力

区间及车站通过能力（含折返能力）是影响城市轨道交通通过能力的主要因素之一。通过能力即每小时实际开行列车数不能超过每小时通过能力所允许开行的最多列车数。编制列车运行图时，必须对通过能力进行全面衡量，以求合理确定列车间隔。在客流量大但通过能力不允许开行更多列车时，应考虑其他技术措施，以增加运输能力。

（7）轧道车的开行

轧道车是指地面线路（含有部分地面车站的线路）一天内在客运列车开行之前开行的列车，开行轧道车主要是出于安全考虑，对线路进行试运行。

（8）换乘站的均衡换乘

把两条运营线有机地联系成一个整体是列车运行图编制过程中的一个重要环节。因此，编制列车运行图时，应注意使两线运力相匹配，避免一条线的换乘客流量远大于另一条线的运力。

（9）其他因素

影响列车运行图编制的相关要素除上述各方面外，还有一些其他因素，这些因素也会给运行图的编制和实施带来影响。因此，在平时日常行车组织工作中，要不断积累和总结影响列车正常运行的因素，从中找出规律，作为今后编制列车运行图的新要素来考虑。

三、列车运行图的编制

随着城市轨道交通客运量的增长和客流特征的变化，轨道交通系统的技术设备和运输组织工作在不断改进，列车运行速度和运营服务水平在逐步提高。同时，在现代化都市中，在一年内的不同季节、一周内的不同日子、一天中的不同时段，城市轨道交通的客流都有着各自不同的变化规律。因此，当上述因素发生更改或变化时，就有必要重新编制列车运行图。

列车运行图的编制

1. 编制原则

（1）安全性原则

保证列车顺利运行及乘客的安全，这是编制列车运行图时必须始终坚持的方针。因此，各项编制工作都要遵守有关规章制度，严格遵守各项作业程序和列车运行图要素的时间标准及技术要求。

（2）便利性原则

尽量方便乘客，快捷、便利是提高城市轨道交通竞争力的重要途径。为此，应根据不同阶段客流变化规律，考虑在满足运行要求的前提下，尽量最大限度地在不同高峰时段选择不同发车间隔，尤其是高峰客流时段应增加列车密度，以减少乘客候车时间；而在低谷时段安排列车运行间隔时，最大的列车运行图发车间隔不易过大；同时要兼顾首、末班车时间与其他交通工具的衔接，保证运量的波动稳定，使运行图具有一定的弹性，以适应日常运输生产和列车运行秩序变化的需要。

（3）经济性原则

① 在保证安全可靠的条件下，提高列车的运行速度，缩短列车运行时间。列车运行速度快是城市轨道交通系统的主要优势，标志着城市轨道交通的整体运营效率和服务水平较高。

② 充分、有效地利用车站及线路的通过能力。始发站和终点站的折返能力通常是全线能力的限制因素，所以必须对折返线的折返作业时间标准进行精确计算，合理安排作业程序，尽可能进行平行作业。此外，列车出入段能力也是限制区间通过能力的重要因素，所以要做好出段信号机

至正线站台间的作业时间计算。

③ 在满足运量需求的条件下，尽量减少运用车辆数。综合考虑不同峰谷时段列车的运行速度、停站时间、折返作业时间、开行方式等因素，均衡上线运用车辆数，使其数量达到最少，提高列车及线路满载率，减少系统的车辆保有量与运营成本，同时也要兼顾司机的休息与车辆检修安排时间。

（4）均衡性原则

① 城市轨道交通系统列车运行图的编制是一项需要考虑线路路网结构、客流特征、乘客服务水平、列车运用和运营调整等多个因素的复杂工作，所以列车运行线的铺画要做到绝对均衡几乎是不可能的，但应该尽量要求保持相对均衡，如运营经济性与服务水平的相对平衡。在不同的运营阶段需要考虑不同的运营目标和侧重点，并建立一套整体的运营策划工作体系，来有效、持续地挖掘运输潜力。

② 在车辆段未设置试车线的情况下，列车运行图中需预留调试列车运行线。原则上调试运行线不允许穿插铺画在载客运营列车运行线之间。

2. 编制时机

具体的编制时机如下。

（1）在新线试运行、试运营演练、正式开通运营时。

（2）在新线或既有线、车站客流量、时段客流分布规律等发生较大变化时，如劳动节、国庆节、春节等重大节假日期间。

（3）在城市轨道交通系统技术设备发生较大变化时，如线路的运行速度改变、信号系统升级等。

（4）在运输组织方式发生改变时，如改变列车出入车辆段方式、改变折返站折返方式、改变运行交路（如单一交路改为大小交路混合）、新停车场投入使用、延长运营服务时间等。

（5）在重新调整各项行车技术作业时间标准时，如调整停站时间、压缩行车间隔、增加上线列车数等。

（6）在需要重新编制运行图的其他情况时。

3. 编制资料

列车运行图是城市轨道交通系统的综合性计划，在编制该计划前，需要准备一些技术资料和数据，具体如下。

（1）全线各区段分时班次计划（取决于需求）。

（2）列车最小运行间隔。

（3）列车在各区间的计划运行时分。

（4）列车在各站的计划停站时分。

（5）列车在折返站或折返线上的折返及停留时间。

（6）列车出入车辆段的时间。

（7）可用列车组数。

（8）换乘站的换乘能力及其使用计划。

（9）系统开始营业时间和结束营业时间。

（10）列车交路计划，具体指存在长短交路配合时的情况。

（11）供电系统作业的标准及计划。

（12）乘务组工作制度、乘务组数及工作时间标准。

（13）运行实际统计。

（14）沿线设备运用及进路冲突数据。

由于城市各地区客流的差异，因此，在掌握以上资料后，还要确定拟编制的列车运行图的种类。例如，周六、周日、工作日、节假日、其他活动等期间的客流都各不相同，需要考虑编制适合不同客流条件的列车运行图。

4. 编制步骤

列车运行图的编制由运营管理部门负责组织，大体经过以下步骤完成。

（1）按编制要求和编制目标提出编制或调整运行图的注意事项。

（2）搜集编制资料，对有关技术问题或运营问题组织调查研究和试验。

（3）总结分析现行运行图的执行情况和存在的问题，并提出改进意见。

（4）确定新图执行的列车运行方案。

（5）确定新图的基础运行参数。

（6）征询调度、客运、乘务、车辆部门对列车运行方案和基础运行参数的意见，并根据返回意见进行有根据的调整。

（7）根据列车运行方案铺画详细的列车运行图，并编制列车运营时刻表。

（8）在 ATS 信号系统模拟机上，对列车运行图进行模拟运行冲突检测，并进行必要的调整修改。

（9）对列车运行图的编制质量和关键点进行全面的检查，并计算列车运行图技术指标。

（10）将编制完毕的列车运行图、运营时刻表及执行说明等报有关部门审核批准。

5. 运行图铺画

列车运行图铺画分两步进行：第一步是编制列车运行方案，着重解决列车运行图的全面布局问题；第二步是铺画列车运行详图，即详细规定每一列列车在各个车站上的到达、出发或通过时刻。在铺画列车运行图前，首先应确定车站中心线的位置。

铺画列车运行详图的方法是在一分格列车运行图上依次精确铺画每条列车运行线，详细规定列车在每个车站的到达、出发和通过时刻及其在折返站的停留时间等。列车铺画自列车出停车场起，确定该次列车离开始发站后，从始发站铺画至折返站完成折返作业后，由折返站出发向区间进行铺画。

铺画运行图时，应注意确保行车安全和乘客安全。为此，必须做到以下几点。

（1）遵守列车区间运行时分和列车停站时间标准。

（2）遵守列车在折返站停留时间和列车折返出发间隔时间标准。

（3）遵守追踪列车间隔时间。

（4）遵守乘务员作息时间标准。

（5）列车在车站折返时，停在折返站上的列车数应与该站的站线数相适应。

目前，城市轨道交通采用先进的计算机信息处理技术和网络技术，实现列车运行图编制的现代化，用计算机自动编制运行图。

计算机编制列车运行图系统提供了用户编制、调整运行图的平台等相关功能。它提供了从编图基础数据的录入，列车运行图的编制、调整、分析和检测，到时刻表及各种报表的自动生成、图形打印等功能，实现了全过程的信息化管理。

计算机编制列车运行图的原理主要在于将人工编制列车运行图时人工需掌握的技能知识、所有与编图有关的基础数据都赋予计算机。编图人员只需根据编图要求等信息，采用人机对话方式，将列车运行图的编制、调整问题分解成若干个列车运行线铺画的子问题，并对这些子问题进行反复修改，即可得到用户所需的列车运行图。

四、列车运行图的检查与指标计算

1. 列车运行图编制质量的检查

列车运行图编制完成后，必须对运行图的编制质量进行全面的检查。检查的主要内容有：

（1）上、下行首末班车在两终端站的开车时间是否符合对外公开宣传的运营时间的要求；

（2）列车运行图上铺画的列车数和折返列车数是否符合要求；

（3）各时段的列车运行间隔是否符合不同峰谷时段（高峰、平峰或低谷）对客流的运能要求；

（4）列车运行线的铺画是否符合规定的各项作业时间标准；

（5）同一时刻停在车站折返线的列车数是否超过该站现有的折返线数；

（6）列车司机的工作和休息时间是否符合规定的时间标准；

（7）换乘站的列车到、发密度是否均衡。

2. 运行图的指标计算

列车运行图铺画完成后，需要计算列车运行图的各项指标。列车运行图的主要指标如下。

（1）开行列车数

① 客运列车数。凡编组列车在运营线路上行驶一个单程，无论线路长短（是全程行驶还是小交路折返），均按一列计算。客运列车分别按全日、上行和下行开行列数计算。

② 空驶列车数。

③ 专运列车和调试列车数。

（2）折返列车数

折返列车数按各个折返站分别计算。

（3）行车间隔时间

① 高峰时段行车间隔时间。

② 非高峰时段行车间隔时间。

（4）始发站首、末班列车发车时刻

（5）客运列车技术速度

其计算公式为

$$客运列车技术速度 = \frac{运营线路长度}{单程运行时间 - \sum 停站时间}$$

式中，单程运行时间包括列车在各区间的运行时间、在各中间站的停站时间，以及列车在各中间站的停车起动、停车附加时间，但不包括列车在折返站的停留时间。

（6）客运列车旅行速度（运送速度）

其计算公式为

$$客运列车旅行速度 = \frac{运营线路长度}{单程运行时间}$$

（7）输送能力

输送能力是指单位时间内单方向运送乘客的总人数。其计算公式为

$$输送能力 = 客运列车数 \times 列车定员$$

（8）高峰小时运用客车车底数

高峰小时运用客车车底数按早高峰小时和晚高峰小时分别计算。

（9）列车周转时间

为运送乘客，列车在运营线路上平均完成一次周转所消耗的时间称为列车周转时间。其计算公式为

$$列车周转时间 = \frac{全日营业时间 \times 运用客车车底数 - \sum 回库时间}{全日开行列车对数}$$

式中，运用客车车底数可近似地取早高峰小时运用客车车底数。

（10）全日车辆总走行公里

全日车辆总走行公里是指一天里所有车辆为运送乘客在运营线路上所走行的公里数，它包括规定的车辆空驶里程和由于某种原因列车在中途清客后仍继续载客的车辆空驶里程。其计算公式为

$$全日车辆总走行公里 = \sum (客运列车数 \times 列车编组辆数 \times 列车运行距离)$$

（11）车辆日均走行公里（日车公里）

车辆日均走行公里是指每一运用车每日平均走行公里数。其计算公式为

$$车辆日均走行公里 = \frac{全日车辆总走行公里}{全日运用车辆数}$$

式中，全日运用车辆数可近似地取早高峰小时运用车辆数。

（12）平均满载率

平均满载率是指运用车的平均满载程度，可反映一定时间内车辆运能的利用水平。其计算公式为

$$平均满载率 = \frac{日客运量 \times 平均运距}{输送能力 \times 线路长度}$$

式中，平均运距是乘客平均每人次的乘车距离，该数据可通过全面客流调查或抽样客流调查获得。

为评价新列车运行图的质量，除计算新列车运行图的各项指标外，还应与目前使用的列车运行图进行比较，分析各项指标提高或降低的主要原因。

3. 实行新图前的准备工作

为保证新列车运行图能够正确和顺利地实行，必须在实行新列车运行图之前做好下列准备工作：

① 发布实行新列车运行图的命令；

② 印刷并分发新列车运行图和列车时刻表；

③ 拟定执行新列车运行图的技术组织措施；

④ 做好车辆和乘务员的配备工作；

⑤ 组织相关作业人员学习新列车运行图，熟悉新列车运行图的规定与要求。

任务评价

任务评价表

学习内容	项目一 行车组织认知		姓名	
	任务三 列车运行图		学号	
评价要素			分值	考核得分
（1）能说出列车运行图与列车运行的关系			10	
（2）能正确识别运行图的格式			10	
（3）能说出列车运行图的各种要素			10	
（4）能描述列车运行图的编制思路及编制方法			20	
（5）能与组员协作、高质量完成学习汇报			20	
（6）能专注听取同学的汇报			20	
（7）能虚心接受老师或同学的评价			10	
总体得分			100	
教师评语：				

复习思考

1．简述城市轨道交通行车组织的特点。

2．列车运行计划分为哪几种？全日行车计划的影响因素有哪些？

3．列车编组方案有哪些？

4．列车交路方案有哪些？

5．列车停站方案有哪些？

6．为什么说列车运行图是组织列车运行的基础？

7．什么是列车运行图？列车运行图与列车运行计划有什么关系？

8．列车运行图的基本组成要素有哪些？

9．简述编制列车运行图的原则。

10．编制列车运行图需要准备哪些资料？

11．在哪几种情况下需要编制列车运行图？

12．列车运行图包含哪些指标？

项目二
车站行车组织

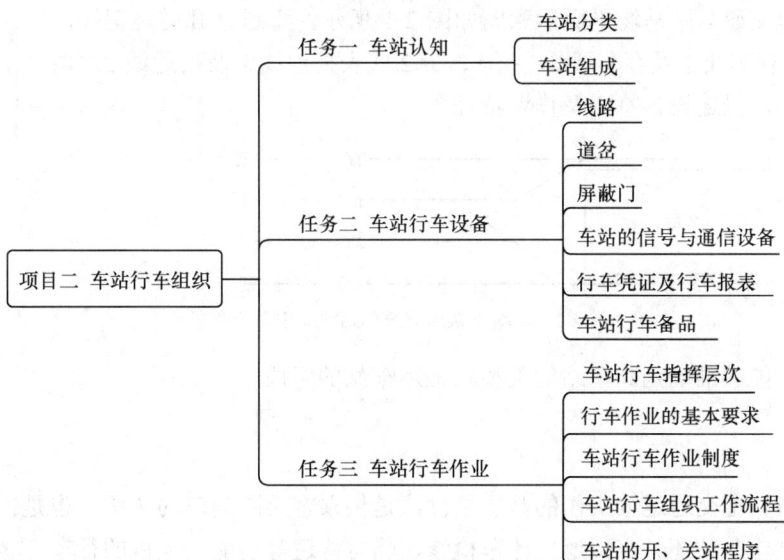

学习目标

知识目标

- 能阐述车站的类别及划分。
- 能说出车站的结构及各组成部分的功能。
- 了解车站自动售检票系统、闸机、屏蔽门等的功能作用。
- 能描述信号灯颜色的意义。
- 熟记车站行车作业的基本要求及流程。

能力目标

- 能正确判断车站的类型。
- 能正确判断车站设备的类型、状态。
- 能正确判断车站的行车作业形式。
- 能正确选择车站的行车工作方法。

项目导学

城市轨道交通的车站行车组织主要利用自动售票机、进出站闸机等设备组织乘客完成购票、进出站、乘车等过程，通过屏蔽门、紧急停车按钮等设备保证列车的运行安全和乘客的人身安全，通过运行列车将乘客输送到目的地，完成运输任务。

通过本项目的学习，读者可以初步了解车站的分类、结构以及布局；掌握车站各类行车设备的功能作用，重点掌握车站信号设备的使用及功能；掌握车站各项行车工作的内容。

任务一　车站认知

📖　任务要求

某城市轨道交通车站站场平面示意图如图 2.1 所示，Ⅰ道、Ⅱ道是正线，存 1、存 2 表示存车线 1 及存车线 2，折 1、折 2 代表折返线 1 及折返线 2。请判断车站的种类，描述设备特点及作业特征。

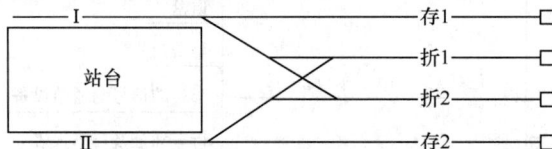

车站认知

图 2.1　某城市轨道交通车站站场平面示意图

通过学习，能够准确判断车站的类型，描述车站的组成。

✏️　任务实施

车站是城市轨道交通运输工作的基层单位，是供乘客乘降列车的场所，也是供列车到发、通过的分界点，某些车站还具有折返、停车检修、临时待避等功能。大量的行车、客运设备均设在车站内，车站除办理客运业务外，还办理列车到发等行车业务，因此车站也是城市轨道交通内部各工种进行各项作业的汇合点。

一、车站分类

城市轨道交通车站按其所处位置、运营性质和站台形式方式的不同，可进行不同的分类。

（1）按车站与地面的相对位置，可以分为地下车站、地面车站和高架车站。

① 地下车站。车站结构位于地面之下，如图 2.2 所示。地下车站一般为地面出入口、中间站厅和地下站台组成的两层或三层的结构，出入口通道总数不得少于两个。由于建在地下，因此其工程造价高于其他两种类型的车站。

② 地面车站。车站结构位于地面上，如图 2.3 所示。地面车站的出入口、站厅、站台分布在同一个平面上。其优点是造价低；缺点是占地面积大，会对线路经过的区域造成地面的人为分割。

③ 高架车站。车站结构高架于地面之上，如图 2.4 所示。高架车站一般为地面出入口、地面或高架站厅、高架站台组成的两层或三层结构，其缺点是占用地面空间较大，对城市景观影响较大。

图 2.2　地下车站

图 2.3　地面车站

图 2.4　高架车站

（2）按车站的运营性质，可分为以下 6 种车站，按运营性质分类的车站类型示意图如图 2.5 所示。

① 中间站（即一般站）。仅供乘客上、下车用，功能单一，是城市轨道交通路网中数量最多的车站。

② 区域站（即折返站）。设在两种不同行车密度交界处的车站，设有折返线和折返设备。区域站兼有中间站的功能。

③ 换乘站。位于两条及两条以上线路交叉点上的车站。换乘站除具有中间站的功能外，还可以让乘客从一条线上的车站通过换乘设施转换到另一条线路的车站上。

④ 枢纽站。由该站分出另一条线路的车站，可接、送两条线路上的乘客。

⑤ 联运站。该车站内设有两种不同性质的列车线路，用来进行联运及客流换乘，其具有中间站及换乘站的双重功能。

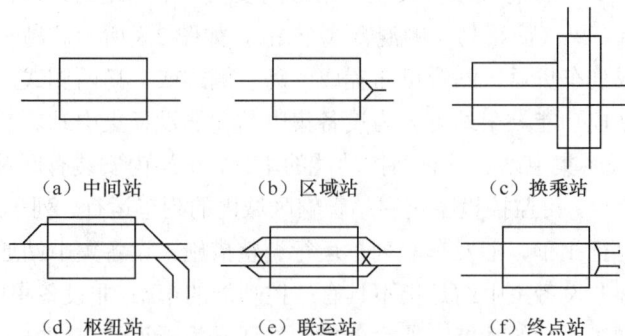

（a）中间站　　　（b）区域站　　　（c）换乘站

（d）枢纽站　　　（e）联运站　　　（f）终点站

图 2.5　按运营性质分类的车站类型示意图

⑥ 终点站。设在线路两端的车站，就列车上、下行而言，终点站也是起点站（或称始发站）。终点站设有可供列车折返的折返线和折返设备，也可供列车临时停留检修。

（3）按车站站台的形式，可将车站分为岛式车站，侧式车站和岛、侧混合式车站。

① 岛式车站。站台位于上、下行行车线路之间的站台布置形式，具有岛式站台的车站称为岛式站台车站（简称岛式车站），如图 2.6 所示。岛式车站是一种常用的车站形式，具有站台面积利用率高、能调剂客流、乘客途中改变乘车方向方便、车站管理集中、站台空间宽阔等优点，常用作客流量较大的车站。

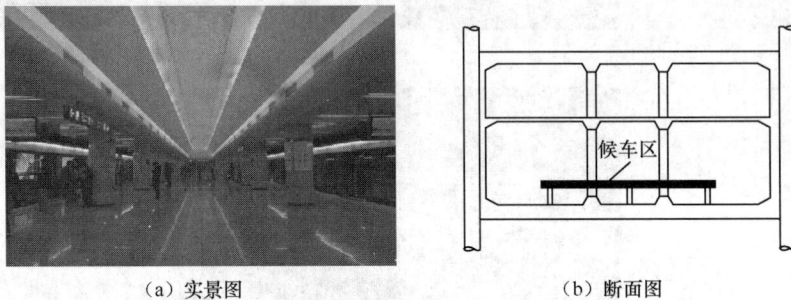

（a）实景图　　　　　　　　　（b）断面图

图 2.6　岛式车站

② 侧式车站。站台位于上、下行行车线路的两侧的站台布置形式，具有侧式站台的车站称为侧式站台车站（简称侧式车站），如图 2.7 所示。侧式车站站台的上、下行乘客可避免相互干扰，正线和站线间不设喇叭口，造价低，改建容易。但站台面积利用率低，不可调剂客流，乘客中途改变方向必须经过地道或天桥，车站管理分散，站台空间不及岛式车站的宽阔，多用作两个方向客流量较均匀（或流量不大）的车站及高架车站。

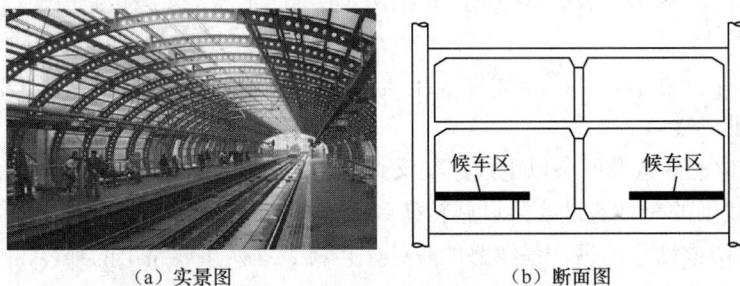

（a）实景图　　　　　　　　　（b）断面图

图 2.7　侧式车站

③ 岛、侧混合式车站。将岛式站台及侧式站台同设在一个车站内，具有这种站台形式的车站称为岛、侧混合式站台车站（简称岛、侧混合式车站），如图 2.8 所示。岛、侧混合式车站主要用于两侧站台间的换乘或列车折返，站台可布置成一岛一侧式或一岛两侧式。

（4）按是否具有站控功能，车站可分为设备集中站和非设备集中站。

① 设备集中站。设备集中站是具有站控功能的车站，车站内安装有联锁设备。设备集中站的车站值班员根据调度命令，可监控设备集中站管辖区域内的列车运行、列车运行进路、开放信号、办理电话闭塞工作，执行扣车、催发车等列车运行调整措施。设备集中站通常为有道岔的车站。

② 非设备集中站。非设备集中站是指不具有站控功能的车站。非设备集中站设有监视工作站。监视工作站具有监视列车运行的功能。非设备集中站通常为无道岔车站。

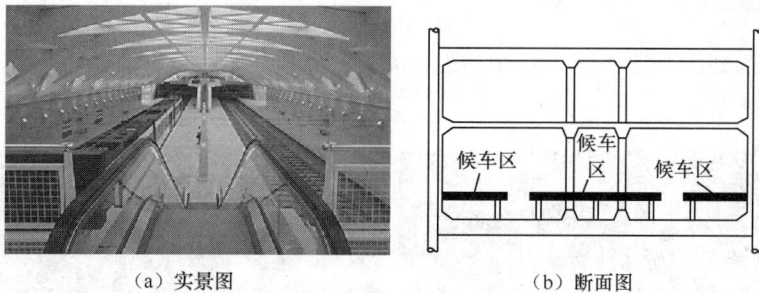

（a）实景图　　　　　　　　　（b）断面图

图 2.8　岛、侧混合式车站

二、车站组成

城市轨道交通车站一般包括车站主体、出入口及通道、通风道及风亭（地下）和其他附属设施，车站的基本构成如图 2.9 所示。

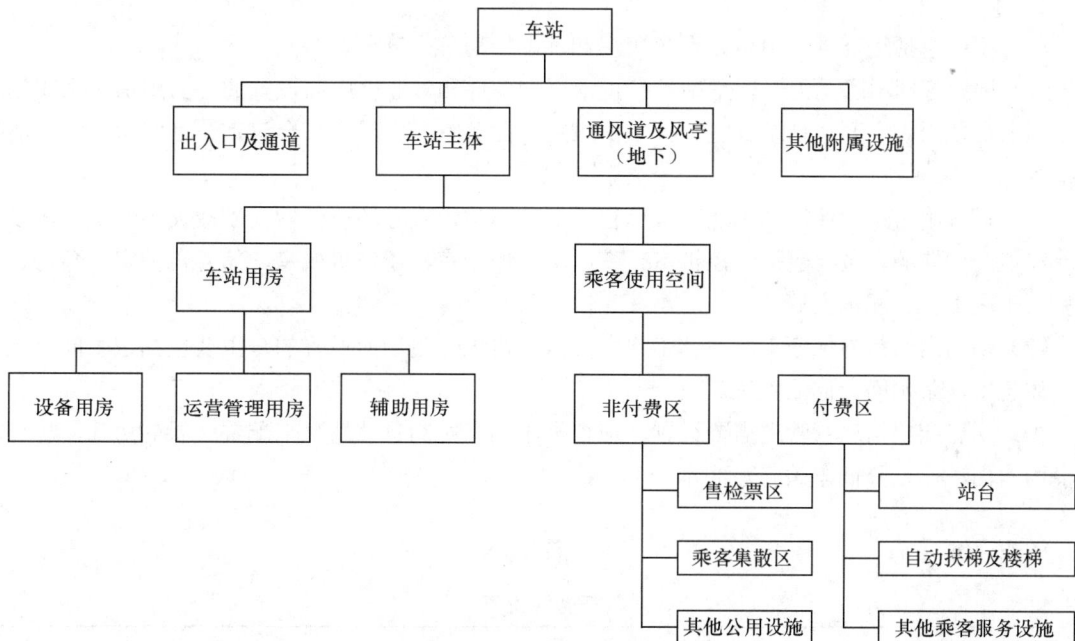

图 2.9　车站的基本构成

出入口及通道是供乘客进、出车站的建筑设施，一般布置在街道交叉口，以便能大范围地吸引和疏散客流。

地下车站需要考虑通风道及风亭，其作用是保证城市轨道交通车站具有一个舒适的地下环境。

车站主体是列车的停车点，也是设置运营设备和办理运营业务的地点。根据车站主体功能的不同，可将其分为以下两大部分。

1. 乘客使用空间

乘客使用空间又可分为非付费区和付费区。非付费区是乘客购票并正式进入车站前的活动区域。非付费区一般应有较宽敞的空间，设置有售、检票设施，根据需要还可设银行、公用电话、小卖部等设施。非付费区的最小面积一般可以根据车站能容纳高峰小时 5 min 内可能聚集的客流量的水平来推算。付费区包括站台、自动扶梯及楼梯、其他乘客服务设施等，是为乘客候车提供服务的区域。

乘客使用空间如图 2.10 所示，是车站设计布置的重点，要注意客流的合理性，以保证乘客方便、快捷地出入车站。

图 2.10 乘客使用空间

2. 车站用房

车站用房包括运营管理用房、设备用房和辅助用房三个部分。

（1）运营管理用房是为保证车站具有正常运营条件和营业秩序而设置的办公用房，由车站运营管理人员使用，主要包括站长室、行车值班室、业务室、广播室、会议室、公安保卫室、清扫员室等。

（2）设备用房是为保证列车能正常运行、保证车站内良好环境条件及事故灾害情况下能及时排除灾情而设置的，主要包括环控机室、变电所、控制室、通信机械室、信号机械室、泵房、票务室、工区用房、配电室等。

（3）辅助用房是为保证车站内部工作人员能正常工作生活而设置的，主要包括卫生间、更衣室、休息室、茶水间、储藏室等。

车站用房应根据运营管理需要设置，应根据不同车站的具体情况来配置必要的房间，尽可能减少用房面积，以降低车站修建成本。

📖 任务评价

任务评价表

学习内容	项目二 车站行车组织		姓名	
	任务一 车站认知		学号	
评价要素			分值	考核得分
（1）能够准确判断车站的类型			20	
（2）能够描述车站的组成			30	
（3）能与组员协作、高质量完成学习汇报			20	
（4）能专注听取同学的汇报			20	
（5）能虚心接受老师或同学的评价			10	
总体得分			100	
教师评语：				

任务二　车站行车设备

📖　任务要求

屏蔽门如图 2.11 所示，是车站行车设备的组成部分之一，请在图 2.11 中的小方框内写出组成屏蔽门的各设备名称并口头表述其作用。屏蔽门的相关知识你还了解哪些？

图 2.11　屏蔽门

学习车站行车设备后，能够说出道岔、屏蔽门的组成；能够认识车站信号设备和通信设备；能够区分车站行车备品；能够正确识别行车报表和行车凭证。

✏️　任务实施

一般情况下，车站范围内的所有设备均由车站管理。根据车站的运营功能和客流量的不同，车站内应设有不同种类和容量的技术设备。

一、线路

线路是列车运行的基础，它是由路基、桥梁、隧道建筑物和轨道四部分组成的一个整体工程，是城市轨道交通所有行车线路的总称。轨道线路可铺设在隧道、高架桥和地面上，以供列车运行。隧道及高架桥轨道线路图如图 2.12 所示。

图 2.12　隧道及高架桥轨道线路图

地下车站的线路通常采用"高站位、低区间"的设计，地下车站线路设计示意图如图 2.13 所示。地面车站和高架车站通常与线路设计在同一个水平面上。

图 2.13　地下车站线路设计示意图

地下车站的这种设计具有列车进站前上坡缓行、列车出站后下坡加速的优点。这种设计对于保证行车安全、节约电能、降低乘客出入站升降高度都是有利的。综合考虑到排水和防溜车的因素，坡度一般设计为 0.2%。

车站线路包括正线、配线、折返线和存车线，是列车在站内到、发及停留或进行折返作业的线路。正线是列车在站内到发、通过及停留的线路；折返线及存车线设置在线路的终点站以及部分中间站上，折返线是列车进行折返的线路，存车线是列车临时停放的线路。

二、道岔

道岔是一种使列车从一条线路转入或跨越另一条线路的连接及交叉设备，通常设置在车站上和车辆段内。道岔是线路的组成部分，有了道岔，线路就可以充分发挥其通过能力。

1. 道岔的组成

道岔通常由转辙部分、连接部分和辙叉部分组成，道岔的组成如图 2.14 所示。

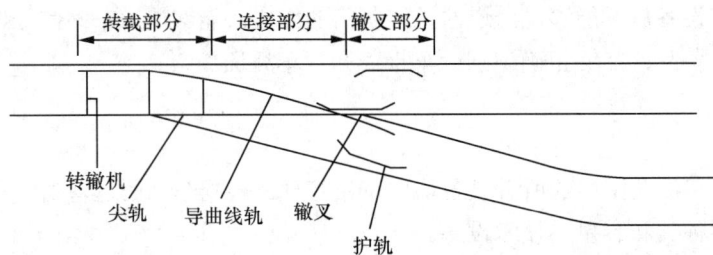

图 2.14　道岔的组成

（1）转辙部分。转辙部分由尖轨、基本轨、连接零件（包括连接杆、滑床板、垫板、轨撑、顶铁、尖轨跟端结构等）及转辙机组成，道岔的转辙部分如图 2.15 所示。

图 2.15　道岔的转辙部分

（2）连接部分。连接部分由导轨、基本轨组成，将转辙部分和辙叉部分连成一组完整的道岔。

（3）辙叉部分。辙叉部分由辙叉心、翼轨、护轨等组成。

道岔的具体结构如图 2.16 所示。道岔有两根可以移动的尖轨，尖轨的外侧是两根固定的基本轨。与尖轨和基本轨相连接的是四根合拢轨，其中两根合拢轨是直的，另两根合拢轨是弯的（其曲线叫道岔导曲线）。与两根内侧合拢轨相连的是辙叉，它有两根翼轨、一个辙叉心和两根护轨，护轨和翼轨的作用为固定车轮运行方向。因为列车通过道岔时都要经过辙叉的"有害空间"，所以如果不固定车轮轮缘的运行方向，就有可能造成脱轨事故。

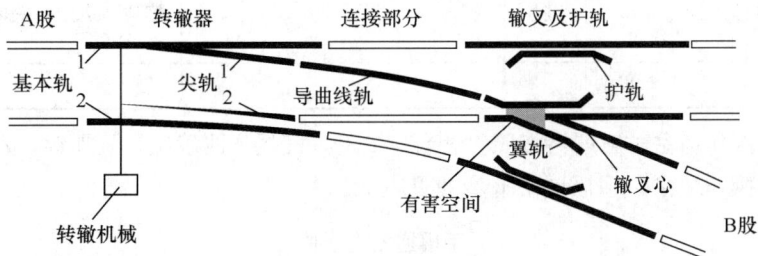

图 2.16　道岔具体结构

2. 道岔的位置和状态

道岔有两根可以移动的尖轨：一根尖轨与基本轨密贴；另一根尖轨与基本轨分离。必须同时改变两根尖轨的位置，使原来密贴的轨分离，而原来分离的轨密贴，可见道岔有两个可以改变的位置。通常把道岔经常所处的位置叫作定位，临时根据需要改变的另一个位置叫作反位。为改变道岔的两个位置，需要在道岔尖轨处安装道岔转辙设备，这就是转辙机。

尖轨与基本轨密贴的程度对行车安全影响很大，如列车迎着尖轨运行时，如果尖轨与基本轨的密贴程度差，即间隙超过一定限度（大于 4 mm），则车的轮缘有可能撞到或从间隙中挤进尖轨尖端，从而造成颠覆或脱轨的严重行车事故。因此，对尖轨与基本轨的密贴程度规定有严格的标准。装有转换锁闭器、电动转辙机的道岔，在转辙杆处的尖轨与基本轨之间插入厚 4 mm、宽 20 mm 的铁板时，不能锁闭和开放信号。

当按压一个道岔动作按钮，仅能使一组道岔转换时，称该道岔为单动道岔；如果能使两组道岔同时或顺序转换，则称其为双动道岔（或联动道岔）。

3. 道岔的使用

为保证接发列车及调车作业的顺利进行，应将道岔与有关信号机或闭塞设备建立起一种相互联系、相互制约的联锁关系，由车站负责管理，统一操纵。正常情况下，道岔采用集中控制、电气锁闭；在故障情况下，道岔采用现地手摇、人工锁闭。一般来说，道岔的操作由扳道员专人负责，没有扳道员的车站由站长指定可以胜任该工作的其他人员进行操作。扳道员手摇道岔的一次作业标准见表 2.1。

表 2.1　　　　　　　　　　　扳道员手摇道岔的一次作业标准

作业内容	行车值班员	扳道员	附注
（1）布置进路（准备工作）	告知扳道员："准备××次×道至×道进路"	复诵："准备××次×道至×道进路"	扳道员需携带套筒、手摇柄、锁头、钥匙、对讲机至现场，根据值班员的指令确认道岔位置，并向行车值班员汇报。扳道员根据行车值班员的命令，将需手摇的道岔套筒锁打开，拧开闭器，将道岔手摇至规定位置，用钩锁器将其锁闭，然后将进路上所有道岔检查一遍，确认所有道岔开通位置正确

作业内容	行车值班员	扳道员	附注
（2）听取汇报	复诵："××次×道至×道进路好"	向行车值班员汇报："××次×道至×道进路好"	行车值班员再次与扳道员核对进路上所有道岔开通位置正确
（3）布置接车	行车值班员在收到邻站报来的列车开点后告知扳道员："××次开过来了，×道接车"	复诵："××次开过来了，××道接车"	扳道员在接车位置面向来车方向，显示红色停车信号接车，确认列车整列到达后，关闭信号，向行车值班员汇报
（4）听取汇报	填写"行车日志"		

扳道员人工操作道岔时应严格按照"一看、二开、三摇、四确认、五加锁、六汇报、七显示"的七步曲的要求操作道岔，手摇道岔七步曲见表 2.2。

表 2.2　　　　　　　　　　　手摇道岔七步曲

步骤	内容
一看	看道岔开通位置是否正确、道岔尖轨与基本轨之间是否有杂物，若转辙机处于通电状态，则必须切断转辙机的电源（如道岔位置正确则转到步骤四）
二开	打开盖孔板，拆下钩锁器（指已加锁的道岔）
三摇	将手摇把插入手摇把孔，旋转手摇把时要保持向里施压。人面对手摇把孔，顺时针转动手摇把则尖轨向人的正前方移动，逆时针转动手摇把则尖轨向人的后方移动。听到"咔嚓"声后（如未听到"咔嚓"声，则要求尖轨与基本轨密贴）停摇，拔出手摇把，锁好盖孔板
四确认	确认尖轨密贴后（尖轨与基本轨密贴要求：顶端 4 cm 以内无大于 2 mm 的间隙）手指尖轨，口述"尖轨密贴开通×位"并与另一员工共同确认
五加锁	确认正确后，用钩锁器锁定道岔尖轨。钩锁器的位置必须在尖轨与基本轨的密贴处
六汇报	向车站控制室汇报道岔开通位置情况。汇报时，要说明该道岔号码、道岔开通的位置、是否加锁等
七显示	根据车站值班员的命令向司机显示信号

4. 道岔的维护保养

（1）道岔的日常维护保养规定

① 车站内道岔有行车值班员在运营结束后负责清洁保养，正常情况下每个值夜班的行车值班员都要对所负责的道岔（定、反位）保养一次，如遇雨雪、冰冻天气，则视情况及时擦拭上油，确保其能正常运转。

② 行车值班员擦拭道岔必须在运营结束后，经当班行车调度员同意，得到允许擦拭的施工信号后方可进行。首先应在操纵台对将擦拭道岔进行单锁，确认所携带的对讲机与行车调度员通话正常后方可离开车站控制室，擦拭工作务必在行车调度员给定的时间内完成，不得影响其他施工作业。当夜间施工、调试任务较忙、行车调度员一时难以安排时，可在巡道时间内完成，但不得影响巡道人员的正常登记与注销工作。

③ 道岔擦拭完毕后，行车值班员应对所擦拭的道岔检测一次，确认正常后方可向行车调度员申请注销擦拭工作，将站控权上交。每次擦拭完毕后要做好记录备查，因故不能擦拭或只能擦拭某一位置（定位或反位），擦拭情况均应在登记本上注明。在日常检查保养过程中发现道岔有不同程度的损坏或其他异常情况时，行车值班员应立即向有关部门报修。

④ 车站要制定"道岔清扫制度"，对站内所有道岔落实包干制度，确保每个道岔（定位和反位）至少每周上油一次，每半月擦拭一次。

（2）道岔的日常维护保养方法（擦拭道岔）

在确认线路空闲、道岔状态良好的情况下，先用钢丝刷、砂皮等工具将杂物、铁锈铲除干净，用抹布将滑床板表面清理干净，再用铲子彻底清洁，用抹布将滑床板清理干净，将机油用油刷均匀地涂刷在滑床板上。道岔的清扫保养及检查操作见表 2.3。

表 2.3 道岔的清扫保养及检查操作

顺序	操作要求		
1	联系行车调度员		站控（放权）
2	确认道岔		定（反）位锁闭
3	现场作业	顺序	物品（备品）
		（1）垫木	木块
		（2）铲油污	铲刀
		（3）擦清滑床板	棉纱
		（4）磨锈斑	铁砂皮
		（5）擦清滑床板	棉纱
		（6）涂油	机油
		（7）整理清扫工具	清点物品
		（8）按技术规定检查道岔状态	—
4	确认道岔位置		定（反）位解锁
5	试排进路（单操）		道岔定（反）位
6	向行车调度员汇报		遥控（收权）
要求	道岔滑床板光亮无锈斑，面板有油		

道岔擦拭作业完毕后还需确认道岔滑床板板面无油污；尖轨、辙叉部分干净无油污，护轮轨槽内无杂物；道岔连接杆与道岔之间留有约两指宽间隙；道岔区内无杂物、无脏物；机油不能上在尖轨、护轮轨、基本轨、翼轨及辙叉心上；确保表示器、标志灯、矮型信号机清洁、无积灰。

三、屏蔽门

地铁屏蔽门系统安装在车站站台边缘，将站台区域与列车运行区域进行隔离，是用以提高运营安全系数、改善乘客候车环境、节约运营成本的一套机电一体化设备系统。

屏蔽门同时还具有障碍物检测及防夹功能，即活动门在关闭时若检测到障碍物，则会后退做短暂停止以释放夹到的障碍物，然后再次关闭，以免夹伤乘客。如果第二次关门时依然检测到有障碍物存在，屏蔽门就会重复上次操作（会后退做短暂停止以释放夹到的障碍物，然后再次关闭）。一般重复三次，若第三次关门障碍物依然存在，则该屏蔽门全开并报警。此时，必须由站台工作人员做应急处理，解决问题。

从目前设置的屏蔽门系统来看，主要有全封闭型和半封闭型两种。全封闭型屏蔽门一般是地下车站所采用的，如图 2.17 所示。半封闭型屏蔽门也称安全门，其安装位置与全封闭型屏蔽门基本相同，但造价较低，一般用于地面和高架车站中，如图 2.18 所示。

图 2.17　全封闭型屏蔽门

图 2.18　半封闭型屏蔽门

屏蔽门由活动门、固定门、应急门、端头门组合而成。

1. 活动门

活动门是与客车门对应的可滑动开启的门，如图 2.19 所示。每一对活动门上都有一个状态指示灯，用于显示活动门的状态，其一般含义为：门扇正在开启或关闭时，状态指示灯闪烁；门扇关闭锁定后，状态指示灯灭；门扇完全开启后，状态指示灯亮。

当屏蔽门系统断电，不能通过电控方式打开活动门或遇紧急情况需要疏散乘客时，可以对其进行手动操作，即操作活动门上的解锁装置手动打开活动门。

2. 固定门

固定门是不可开启的门体，可拆卸更换，其高度与活动门基本一致，如图 2.20 所示。

图 2.19　活动门

图 2.20　固定门

3. 应急门

正常运营时，应急门应保持关闭且锁紧的状态。在停电或火灾等紧急情况下，列车车门无法对准活动门时，可通过应急门疏散乘客。将某一固定门改成的可开启的应急门如图 2.21 所示，按压该门的拉杆，可以向站台侧旋转并推开应急门。列车编组车厢贯通时，一般有多组应急门布置在对应列车的两端。

图 2.21 应急门

4. 端头门

端头门是布置于整列屏蔽门（安全门）端头的可开启的门，供车站工作人员进出隧道或应急情况下从隧道疏散乘客使用，如图 2.22 所示。

屏蔽门（安全门）的控制模式一般有系统级、站台级、就地级三种。系统级控制就是执行信号系统命令的控制模式，站台级控制就是执行站台 PSL 操作盘发出的命令模式，就地级控制就是站台工作人员在站台侧用专用钥匙解锁或由乘客在轨道侧使用解锁装置打开活动门的模式。三种模式中，就地级为最高优先级。PSL 操作盘安装在站台端头门的内侧，如图 2.23 所示。

（a）全封闭型屏蔽门的端头门

（b）安全门的端头门

图 2.22 端头门

图 2.23 PSL 操作盘

四、车站的信号与通信设备

为保证行车作业的安全和提高行车作业效率，车站设置了信号、联锁和通信设备。

1. 信号设备

车站信号设备通常有出站信号机、发车表示器、防护信号机和阻挡信号机等。

信号通过不同颜色、位置、形式向列车指示不同运行条件，向调车人员发出不同指示和命令。其作用是保证列车运行与调车作业的安全，提高列车通过能力。

（1）信号的种类

城市轨道交通信号有很多种类，具体说来，有以下三种分类方式。

① 按声光方式分类。

按声光方式分类，可将信号分为视觉信号和听觉信号。

视觉信号是以信号灯的颜色、显示数目及灯光状态等为表达的信号，如地面信号机、手信号旗、信号牌等。听觉信号以声音的大小、长短等来表达信号意义，如口哨、鸣笛等。

城市轨道交通一般以视觉信号为主要信号，以听觉信号为辅助信号。

② 按动静方式分类。

按动静方式分类，可将信号分为固定信号、移动信号和手信号。

固定信号是固定设置在规定位置的信号装置（如地面信号机等发出的信号）。城市轨道交通系统中，无论是正线还是车辆段，地面信号机通常都设置在列车运行方向的右侧，因为城市轨道交通采用的是右侧行车制。

移动信号是根据需要临时设置的信号装置（如信号牌、手信号灯、信号旗等）发生的信号。当线路发生故障或在站内及区间进行施工临时禁止列车驶入时，应在所有可能来车的方向设置移动停车信号牌进行防护，告知开来的列车立即停车。

手信号是用信号灯、信号旗或徒手显示的信号，分为列车手信号、调车手信号、联系手信号三种。列车手信号是在指挥列车运行时使用的手信号；调车手信号是仅在调车工作中，由调车指挥人员指挥调车作业时使用的手信号；联系手信号是在调车工作中，仅用以进行信息传递，而无须根据信号显示完成具体作业的手信号。

③ 按位置分类。

按位置分类，可以将信号分为地面信号和车载信号。地面信号是设置在线路附近供司机辨识的信号，车载信号是通过传输设备将地面信号或其他信号直接引入车辆并能显示的信号。

城市轨道交通的自动化程度比较高，一般采用"地面信号显示与车载信号系统相结合，以车载信号系统为主"的方式。列车的运行速度不取决于地面信号机的显示，因此地面信号只起辅助作用。

（2）信号的颜色及表示意义

① 基本颜色。

红色：停车信号，禁止越过该信号机。

绿色：允许信号，即信号机处于正常开放状态。

黄色：注意或减速信号，即信号机处于有条件开放状态。

在城市轨道交通中，列车的运行速度有时不取决于信号的显示，允许信号的绿灯、黄灯并不表示列车的运行速度，而是代表列车的运行进路是道岔的直股还是弯股。

② 辅助颜色。

月白色：用于指示调车作业时，表示允许越过该信号机调车；用于指示正线列车作业时，会同时显示一个红灯信号，构成引导信号，表示允许列车越过显示红灯的信号机，并随时准备停车。

蓝色：在调车信号机中显示，表示禁止越过该信号机调车。

我国城市轨道交通的信号系统对显示的意义未作统一规定，因此信号显示存在一些差异。

（3）信号机的种类及信号灯的表示

在正线上常用的信号机有以下几种。

① 防护信号机。

在正线道岔的岔前和岔后适当地点设置防护信号机。防护信号机多采用三显示，自上而下的灯光颜色分别为黄、绿、红，具体含义如下。

红色：禁止越过该信号机。

绿色：道岔开通直向位置，允许列车按照规定速度越过该信号机进入区间。

黄色：道岔开通侧向位置，允许列车按照规定速度（一般不超过 30 km/h）越过该信号机运行至折返点。

黄色+红色：引导信号，允许列车以不超过 25 km/h 的速度越过该信号机，并有条件进入区间。

也有一些建成时间较早的线路，防护信号机采用两显示（红色和绿色）带引导信号及进路表示器的形式，如北京地铁 1 号线和 2 号线就采用这种形式。

防护信号机的定位显示为红灯。高柱、矮型防护信号机如图 2.24 所示。

图 2.24　高柱、矮型防护信号机

② 阻挡信号机。

阻挡信号机的设置位置主要有以下两处：一处是在线路尽头设置阻挡信号机，表示列车的停车位置。阻挡信号机采用单显示形式，只有一个红灯，当阻挡信号机显示红灯时，列车应在距离信号机至少 10 m 的安全距离处停下；另一处是在调车进路的尽头设置阻挡信号机，表示不许超过该信号机调车，此时阻挡信号机根据实际情况，可能设置成单显示（红灯）形式，也可能设置成两显示（红灯和绿灯）形式。

③ 通过信号机。

通过信号机又称区间分界点信号机，设在站间距较大的站间。按站间自动闭塞法行车时，通过信号机作为列车占用闭塞区间的行车凭证。通过信号机在四显示自动闭塞系统中的灯光显示意义如下。

绿色：允许列车按规定速度运行，表示运行前方至少有三个闭塞分区空闲。

绿色+黄色：允许列车按规定速度运行，要求列车注意准备减速，表示运行前方有两个闭塞分区空闲。

黄色：要求列车减速运行，按规定的限速要求越过该信号机，表示运行前方有一个闭塞分区空闲。

红色：列车应在该信号机前停车。

采用 ATC 系统的城市轨道交通系统，通过信号机已经失去主体信号的作用，一般在区间中不设置通过信号机。为便于司机在 ATP 设备发生故障时控制列车运行，可以根据需要设置通过信号机。

④ 进、出站信号机。

车站可根据需要设置进、出站信号机，或仅设置出站信号机。

进站信号机设置在车站入口外的适当距离处，用于保护车站内作业安全。进站信号机的信号作用如下：显示红色灯光，表示不准越过信号机进入站内；显示绿色灯光，表示允许列车越过信号机进入站内。

出站信号机设置在车站出口处，用于指示列车在站内的停车位置，并且作为列车占用区间的凭证。出站信号机的信号作用如下：出站信号机显示红色灯光，表示不准越过信号机进入区间；出站信号机显示绿色灯光，表示允许列车越过信号机进入区间。

⑤ 发车表示器（倒计时发车牌）。

车站可在正向出站方向站台一侧、列车停车位置前方的适当地点设置发车表示器，发车表示器如图 2.25 所示，向驾驶员表示能否关闭车门及发车的时间。发车表示器平时不亮灯，列车停靠后无显示则表示不能关闭车门并发车；距发车还有 5 s 时闪白色灯光，提醒驾驶员关闭车门；显示白色稳定灯光则表示可以发车。

图 2.25　发车表示器

2. 联锁设备

联锁设备是城市轨道交通中的重要信号设备，用来在车站或车辆段间实现联锁关系，建立进路、控制道岔、开放信号机以及解锁进路，以保证行车安全。城市轨道交通联锁设备分为正线车站联锁设备和车辆段联锁设备。联锁设备早期采用继电集中联锁，现在多采用计算机联锁。

（1）继电集中联锁

在电气集中联锁设备中实现联锁的元件是继电器，因此称为继电集中联锁设备。早期的城市轨道交通系统采用继电集中联锁，如北京、上海、广州地铁的车辆段曾采用 6502 继电集中联锁。6502 继电集中联锁设备可分为室内和室外设备两大部分，室内设备有控制台、电源屏、继电器组合及组合架、人工解锁按钮盘、分线盘，室外设备主要有信号机、转辙机和轨道电路。图 2.26 所示为继电集中联锁设备的组成框图。

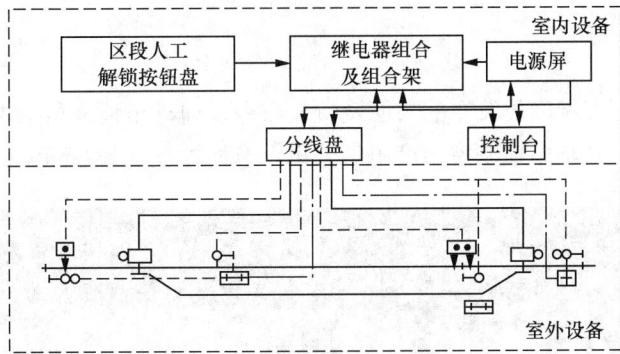

图 2.26　继电集中联锁设备的组成框图

根据城市轨道交通行车作业的需要，在原 6502 电路的基础上，设计了与 ATP 子系统的接口电路，增加了自动发出信号、自动进路、区间封锁、区间限速、站台紧急关闭、扣车等功能。

北京地铁 1 号线改造信号工程的联锁正线车站采用的是 9101 型整架式联锁设备。该电路可以实现中心控制及车站控制，并在其中一方控制时，另一方不能实现进路控制。电路可以提供用于自动控制（ATC）列车的正常的自动闭塞运行方式，也可以提供非运营时间内的非 ATC 列车运行的自动站间闭塞。其具有在站控方式下，实现车站值班员的自动进路、自动折返进路以及全自动折返进路控制的功能。

（2）计算机联锁

计算机联锁是通过计算机技术、控制技术和通信技术来实现车站联锁控制功能的实时控制系统。根据系统中各主要部分功能的不同，计算机联锁系统一般采用图 2.27 所示计算机联锁系统的结构。整个计算机联锁由室内和室外设备构成：室内设备由人机交互层、联锁控制层和 I/O 接口层设备构成；室外设备主要由信号机、转辙机和轨道电路等构成。

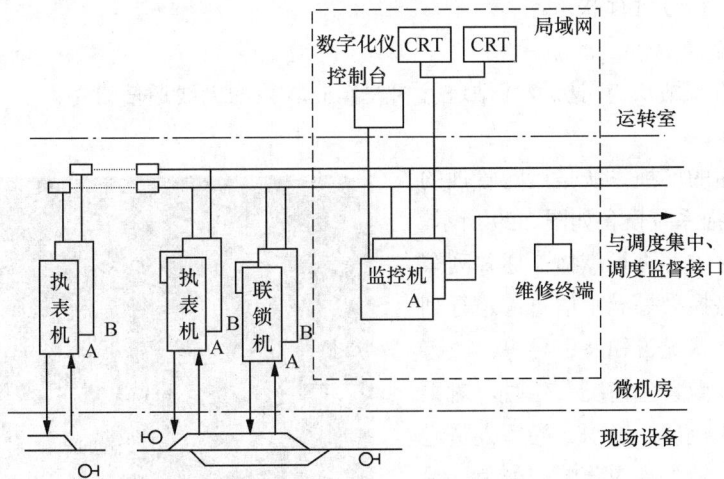

图 2.27　计算机联锁系统的结构

城市轨道交通计算机联锁系统与 ATP 系统、列车自动监控（ATS）系统结合，系统配置可根据不同的运营要求实现集中控制、区域控制或车站控制。其对计算机联锁有特殊的要求，如列车运行的三级控制、多列车进路、追踪进路、折返进路、联锁监控区、保护区段和侧面防护等。

3．通信设备

用于车站行车作业的通信设备，主要有调度电话、车站专用电话、自动电话、便携式电话、无线电台、广播设备等。

（1）调度电话

调度电话在接收行车调度员发布的书面及口头命令、向行车调度员报告现场情况时使用。调度电话带有录音设备。某车站控制室调度电话分机示意图如图 2.28 所示。

图 2.28　某车站控制室调度电话分机示意图

（2）车站专用电话

车站专用电话也称闭塞电话，是值班站长进行业务联系的有线电话，值班站长在办理闭塞手续、联系有关接发车事宜及其他工作时使用。值班站长可与邻站控制室、本站站区办公室、本站售票室等房间直接通话。

（3）自动电话

自动电话也称公务电话，是为联系有关行车事宜而设置的作为车站专用电话的备用设备。

（4）便携式电话

便携式电话是为隧道内有关人员与行车调度员或值班站长联系行车事宜而设置的。行车区间每 200 m 左右及道岔区段设有一个插销座，并设在信号机附近的侧墙上。需要使用时，将便携式电话插入插销座，拨号进行联系。

（5）无线电台

无线电台是值班站长与司机或邻站进行相关作业联系的无线通信设备。

（6）广播设备

城市轨道交通的广播系统是运营管理的专用设备之一，广播系统设备如图 2.29 所示。它的主要作用是对乘客进行广播；通知列车到站、离站、线路换乘等导乘信息；进行列车延误通知、安全状况告知及引导等；改善候车环境；在突发或紧急情况发生时，对乘客进行及时有效的疏导；组织、指挥人员进行事故抢险、防灾，提高应急响应能力。另外，广播系统还可以对运营人员进行广播，发布有关通知信息，以协调工作、提高服务质量。

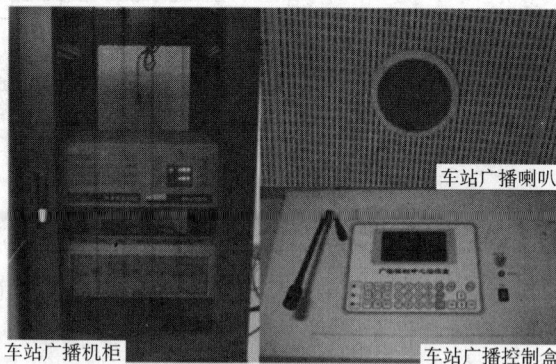

图 2.29　广播系统设备

图 2.30 所示为车站广播系统操作示意图。

车站广播功能如下。

① 能向站内的任一区域、多个区域、全部区域进行广播。

② 可选择不同音源对车站进行广播，合成语音至少可存 0~99 共 100 段不同内容。

③ 对站内广播区域编组进行设定、语音合成信息键位与内容进行设定、广播优先级别进行设定等。

④ 可对车站内任意区域的广播内容进行监听。

⑤ 可接收 ATS 信号，自动对相应站台列车到达、发车时间进行广播。在需要时，可以人工对车站站台自动广播模式进行开启或关闭。

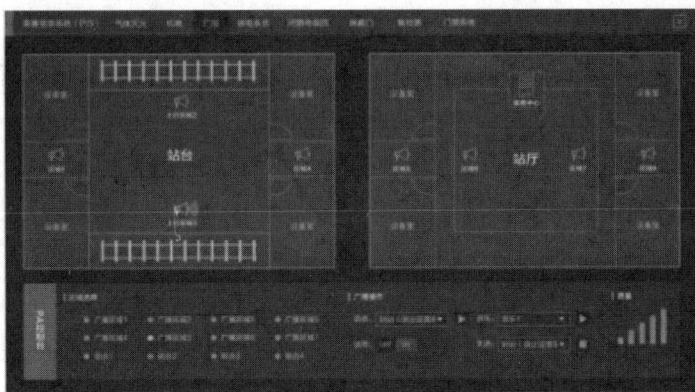

图 2.30　车站广播系统操作示意图

五、行车凭证及行车报表

1. 行车凭证

轨道交通行车凭证是指列车进入区间或闭塞分区的凭证。行车凭证分为两大类：采用基本闭塞法时的行车凭证为自动闭塞的列车速度码及出站信号机的显示；当基本闭塞法停止，采用电话闭塞法时，行车凭证为路票或特殊情况下的调度命令（书面命令、口头命令等）。

（1）路票

路票是在采用电话闭塞法行车时，根据区间空闲相邻两站所承认闭塞的电话记录号码而填发的行车凭证，如图 2.31 所示。

图 2.31　路票

路票的要素包括电话记录号码、车次、列车运行方向、车站行车专用章、行车值班员签名、日期。

| 57 |

电话记录以每站一组，100 个号码，自每日 0 时起，至 24 时止，按日循环编号；相邻车站不能使用相同号码；每个号码在一次循环中只准使用一次，号码发出后无论生效与否，均不得重复使用。

（2）调度命令

调度命令是指在按规定进行某些行车作业时，向行车值班员、司机发布的作业指示，具有严肃性、授权性和强制性。调度命令只能由当班行车调度员发布，且一事一令，先拟后发。接收调度命令后，行车值班员栏必须由当班值班员手写，无本站行车专用章的调度命令单不能作为行车凭证使用。调度命令单的填写必须符合固定的规范，如图 2.32 所示。

调 度 命 令

表号：　　　　　　____年____月____日____时____分

受令处所		命令号码	行调姓名
命令内容			

行车专用章________　　车站值班站长________

注：规格110 mm×160 mm

图 2.32　调度命令单

发布行车调度命令的要求如下：根据行车组织工作“高度集中，统一指挥，逐级负责”的原则，指挥列车运行的调度命令只能由行车调度员下发；发布行车调度命令前，行车调度员应详细了解现场情况，使发布的命令切实可行；命令应用语标准，简明扼要；下达命令时，行车调度员应填写调度命令登记簿，先指定受令人复诵，再给受令人发命令时间和命令号码。

需要发布行车调度命令的时机如下：临时加开或停运列车；变更行车闭塞法；列车反方向运行；封锁区间、开通区间；向封锁区间开行救援列车；区间发生重大事故，使开入其临线的列车后端驾驶；列车清客，区间下人；载客通过、开行工程车、调试列车；行车调度员认为有必要的其他情况。

行车调度命令的传达过程中，必须注意以下事项：行车调度员使用电话向车站行车值班员、驾驶员、车辆段值班员、施工负责人、其他相关人员发布行车调度命令时，相关人员必须复诵；如果需要接受命令的司机未出乘，则发命令给车辆段信号楼，由其负责转达；当列车出段后，行车调度员直接向司机发布调度命令。

2. 行车报表

行车报表是指在列车运行及设备保养等活动中，行车人员及相关人员根据现场实际情况而记录下来的原始资料。

行车报表的种类有车站生产日志、调度命令登记簿、设备故障检修（施工）登记簿、破加封登记簿等。各类行车簿册都应由行车值班员认真、及时填写，做到填写正确、字迹清晰。图 2.33、图 2.34、图 2.35 所示为部分报表的示例。

报表使用要求如下：报表必须由值班站长及相关人员（值班站长负责监督）按规定认真填写；填写报表时要使用黑色或蓝黑色的钢笔、签字笔或圆珠笔，要求准确、字迹清晰；报表应保持整洁，填写时不得记录与工作无关的事项；填写报表时，按24小时制登记，跨越次日零时的作业以实际时间日期为准；不得撕扯、任意涂改报表；需进行改正时，应在错误记录上画单横线，如“~~1180~~”，并另起一行重新填写正确记录。

调度命令登记簿

表号：　　　　　　　　　　　　　　　　　　　　　　　　　　　　____年____月

日期	命令				复诵人姓名	接收命令人签名	行调姓名	阅读时刻（签名）
	发令时间	号码	受令及抄知处所	内容				

图2.33　调度命令登记簿

列车车次	接车						电话记录号码		发车							电话记录号码		记事
	接车股道	时分							时分									
		承认闭塞	发车站发车	本站到达		取消闭塞	承认闭塞	取消闭塞	请求闭塞	邻站承认闭塞	本站出发		到站接车站	开通区间	取消闭塞	邻站承认闭塞	取消闭塞	
				规定	实际						规定	实际						

图2.34　车站生产日志

施工登记					承认施工手续			施工维修终止				备注
年 月 日	时分	施工或检查维修项目及其影响适用范围	施工负责人姓名	值班站长（信号楼值班员）姓名	起止时间	值班站长（信号楼值班员）姓名	施工负责人姓名	时分	试验人姓名	施工负责人姓名	值班站长（信号楼值班员）姓名	

图2.35　施工检修作业登记簿

行车报表管理要求如下：车站控制室各类报表由站区统一管理；控制室内必须备有空白报表，

备品使用完毕后向站区申请，由站区配发；正在使用中的报表，要按定置定标的相关要求码放到位，便于使用；报表使用完毕后统一交回站区，由站区保存至规定期限后方可按相关规定办理销毁手续。

六、车站行车备品

车站行车备品

1. 行车备品的种类

车站行车备品包括员工劳动保护用品和专用器具两大类。

（1）员工劳动保护用品包括安全帽、绝缘手套、砂手套、安全带、荧光背心、口笛、手电筒及其充电用具、强力探照灯及其充电用具、臂章等。图2.36、图2.37所示分别为荧光背心和安全带。

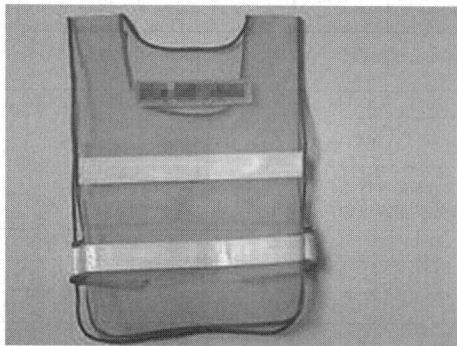

图 2.36　荧光背心

图 2.37　安全带

（2）专用器具包括钩锁器、手摇把、信号灯及其充电用具、信号旗、红闪灯及其充电用具、无线电台及其充电用具、手提广播及其充电用具、调度命令、行车凭证、下轨梯、拾物钳等。图2.38、图2.39所示分别为钩锁器和信号旗。

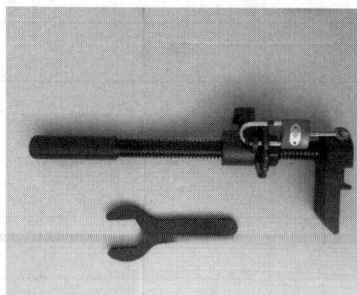

图 2.38　钩锁器

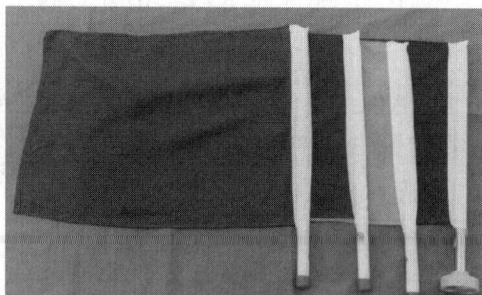

图 2.39　信号旗

2. 行车备品的存放

行车备品应按规定的要求存放，具体按照各城市轨道交通企业制定的相关规定执行。

（1）要求对所有行车备品进行整理、整顿，有序摆放，摆放的地方做到干净、清爽。

（2）行车公用物品统一存放，且要存放合理，不准乱堆、乱放。个人用品放进个人专用柜子。

（3）荧光背心、口笛、信号灯及其充电用具、手电筒及其充电用具、强力探照灯及其充电用具、无线电台及其充电用具、红闪灯及其充电用具、手提广播及其充电用具、调度命令等放在规定位置，行车凭证放在行车值班员随手可拿的地方。文件盒放在指定地点。防毒面具分散放在车站控制室、会议室、更衣室、站务室、站长室等房间中。

（4）行车备品柜摆放在车站控制室中，位置以不影响整个车站控制室的美观为准。

（5）行车备品柜要有统一的标识和备品目录表，标明备品名称、数量和负责人，柜内物品要摆放得整齐有序。

（6）钩锁器、手摇把、信号旗、下轨梯、拾物钳等放在站台监控亭中。

（7）车站控制室的开放式电源柜上摆放打印机、复印机和无线电台充电用具（固定），禁止摆放其他物品（充电时的其他设备除外）。当其他设备也需在开放式电源柜上充电时，应摆放整齐，充完电后立即收起放回备品柜。

3. 行车备品的使用

（1）正确穿戴劳动保护用品。

（2）带电备品（如红闪灯）按照其使用说明进行使用。

（3）使用过程中，要珍惜爱护、不随意乱扔、不损坏行车备品。

4. 行车备品交接

（1）每次交接班时应进行行车备品的交接，检查其数量、性能及摆放状态。

（2）具体交接手续应按相关规定执行。

任务评价

任务评价表

学习内容	项目二　车站行车组织	姓名	
	任务二　车站行车设备	学号	
评价要素		分值	考核得分
（1）能够说出道岔、屏蔽门的组成		10	
（2）能够识别车站信号设备和通信设备		10	
（3）能够区分车站行车备品		10	
（4）能够正确识别行车报表和行车凭证		20	
（5）能与组员协作、高质量完成学习汇报		20	
（6）能专注听取同学的汇报		20	
（7）能虚心接受老师或同学的评价		10	
总体得分		100	
教师评语：			

任务三　车站行车作业

任务要求

小王、小张分别是某地铁公司 3 号线新庄站的甲班、乙班车站值班员，

车站行车作业

2 月 1 日小王下白班、小张上夜班时，小王和小张如何进行交接班？

学习车站行车作业后，能够说出车站行车人员的相关职责；能够描述车站行车组织工作的流程；能够陈述车站的开关站程序。

✎ **任务实施**

车站行车作业应按列车运行图的要求，不间断地接发列车与折返列车，同时确保行车安全与乘客安全。车站行车作业包括接发车作业和列车折返作业等。

一、车站行车指挥层次

车站行车指挥层次图如图 2.40 所示。

1. 工作特点

车站行车指挥工作具有以下特点。

（1）在信号系统正常运作的情况下，列车的进路可由信号系统自动排列，或由行车调度员人工介入排列。

（2）车站行车组织的重点工作是监督行车设备的运转状态，执行控制中心指令来调整列车运行，对加开、晚点列车进行通报，与司机一起执行互控和联控措施。

（3）在信号系统故障的情况下，车站应成为行车工作的直接操作者和执行者。必要时，车站可根据行车调度员的命令准备列车进路、办理接发列车手续。

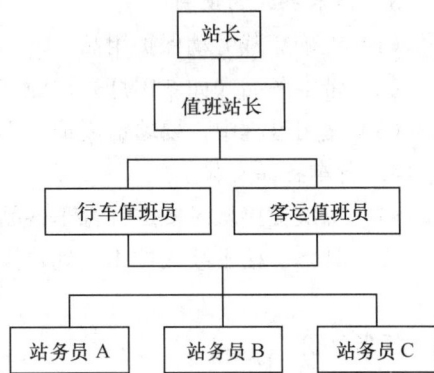

图 2.40　车站行车指挥层次图

2. 车站行车工作人员

车站行车工作人员主要有站务员、行车值班员、值班站长等。

（1）站务员

城市轨道交通车站站务员一般在站厅、站台担任服务岗位，这些岗位的人员在站台区域内工作时，除承担服务性工作外，还需承担部分行车相关工作，需具备熟练操作站台行车设备、工具和器具的能力及人工排列进路等工作技能。站务员主要有以下行车相关职责：

① 按行车值班员命令，安全、有序地接发列车和组织乘客乘降；

② 按行车值班员的命令，正确、及时地显示行车信号；

③ 车门出现故障时负责协助司机处理故障；

④ 安全、快速处理屏蔽门故障；

⑤ 信号设备出现故障时配合值班站长人工排列进路。

（2）行车值班员

行车值班员是车站行车工作的组织者和指挥者，在车站安全生产工作中处于十分重要的地位。行车值班员主要有以下行车相关职责。

① 负责按照运营时刻表和调度命令组织列车运行，接收和执行调度员发布的各种调度命令，再将调度命令转达给司机。

② 监控行车设备、消防设备、环控设备、自动售检票设备等车站设备的运行状态，设备发生故障时，及时报告给相关的专业调度员。

③ 负责车站维修施工的管理，主要是对各种设备和设施的维修施工作业进行登记，对轨行区

的施工进行请点、销点、线路防护，对各类施工作业的安全进行监控。

④ 不能由信号系统自动控制列车运行时，负责按行车调度员的命令组织列车运行。

为做好这一系列工作，行车值班员除需要熟悉相关设备的操作外，还需要具备一定的行车理论基础知识、施工组织理论知识和具体操作技能。

（3）值班站长

车站的行车工作具体由行车值班员组织实施，由值班站长负责总体指挥。在行车组织工作中值班站长担负着人员组织、关键点把关、关键环节亲自作业等重要职责。

① 负责ATC出现故障而联锁正常时的组织工作。目前，城市轨道交通信号系统可靠性较高，发生故障的情况较少，ATC发生故障时，员工心理压力大，行车的安全风险很高，此时值班站长对行车关键点的控制将起到举足轻重的作用。因此，作为城市轨道交通车站的值班站长，对ATC出现故障情况下的工作要做到合理安排。值班站长要做好优先安排行车岗位人员，做好安全预想和安全交底，准备好后备联锁模式行车组织的规章、程序、时刻表、安全措施、行车备品等，监督各行车岗位人员严格按章作业；排列进路时操作员与监控员执行"呼唤应答"的互控程序，"一人操作，一人确认"，确保进路正确，按规定向相邻车站、行车调度员报点；监督行车值班员、站台岗与司机执行站车联控程序的情况等工作。

② 负责联锁出现故障时的组织工作。信号设备基本联锁功能出现故障时，城市轨道交通企业通常采用电话闭塞法或电话联系法等人工方法组织行车。该类人工行车方法效率很低、安全性较差，作为城市轨道交通车站的值班站长需统观大局，合理安排岗位，对行车关键环节做好盯防，在确保安全的基础上尽量提高行车效率。

发生联锁故障时，值班站长在人员安排上一般要做好以下工作：若本站进路需要人工排列时，车站值班站长与一名车站站务员（或行车值班员）下线路排列进路；安排行车值班员在车站控制室办理行车闭塞手续，车站客运值班员到站厅负责客流组织、晚点信息发布、退票服务等工作；安排车站站务员（或行车值班员）递交路票、行车调度命令等行车凭证；通知就近车站或休班的员工到本站支援。

发生联锁故障时，一般采用人工组织行车，值班站长应先参与人工办理进路工作，确保进路正确及尽快恢复列车运行。办理完进路后，值班站长应到车站控制室监督行车值班员办理行车闭塞手续，确保行车安全。值班站长还要积极跟踪、配合车站控制室信号系统的故障处理、恢复、确认等工作，尽快恢复联锁行车。

城市轨道交通车站的值班站长在发生联锁故障的情况下，除要做好行车组织工作外，还要安排播放晚点广播，填写、摆放告示，向乘客做好解释工作；安排好负责退票的人员、准备好备用金等；在客流较大，行车工作无法满足乘客需求，导致站内拥挤时，起动相关晚点大客流组织预案，做好人流控制工作，防止拥挤、混乱；跟踪支援人员到位等。

二、行车作业的基本要求

车站日常运输工作的目标是合理运用技术设备，按列车运行图接发列车，保质保量完成运输任务，确保行车安全与乘客安全。车站行车组织工作在实现上述目标的过程中起着核心作用。对车站行车工作人员的基本要求如下。

1. 执行命令，听从指挥

严格执行单一指挥制，即车站行车工作由车站行车值班员统一指挥。列车在车站时，所有乘务人员应在车站行车值班员的指挥下进行工作。车站行车值班员应认真执行行车调度员的命令和上级领导的指示。

2．遵章守纪，按图行车

认真执行行车规章制度，遵守各项劳动纪律。办理作业正确及时，严防错办和忘办，严禁违章作业。当班时必须精神集中、服装整洁、佩戴标志，保证车站安全、不间断地按列车运行图接发列车。

3．作业联系，及时准确

联系各种行车事宜时，必须程序正确、用语规范、内容完整、简明清楚，严防误听、误解和臆测行车。

4．接发列车，目迎目送

接发列车时严肃认真、姿势端正。认真做好"看""听""闻"，确保列车运行安全。

5．行车报表，填写齐全

行车报表包括各种行车凭证、行车日志和登记簿。行车凭证有路票、调度命令等，登记簿有"调度命令登记簿""检修施工登记簿"和"交接班登记簿"等。应按规定内容、格式认真填写各种行车报表，保持报表完整、整洁。

三、车站行车作业制度

为加强车站行车作业组织力度，必须建立和健全各项行车作业制度，做到行车作业制度化、程序化、标准化。车站行车作业制度主要有车站值班员岗位责任制度、交接班制度、检修施工登记制度、道岔擦拭制度、巡视检查制度和行车事故处理制度等。

1．车站值班员岗位责任制度

车站行车作业实行单一指挥制，车站行车值班员是车站行车作业的组织者和指挥者。根据行车作业的需要，车站还可设置助理车站值班员，但在采用 ATC 系统时一般不设置助理车站值班员。

车站行车值班员的岗位职责是执行行车调度员的命令和指示，统一指挥车站的行车作业；监视行车控制台的进路开通方向、道岔位置及信号显示，监视列车运行状态和乘客乘降情况；在实行车站控制时，按列车运行图及行车调度员下达的列车运行计划办理闭塞、排列进路、开闭信号、接发列车；填写行车凭证和其他各种行车报表，办理设备检修施工登记；组织交接班工作。

助理车站值班员的岗位职责是接送列车、监视列车运行；递交调度命令及行车凭证；用手信号发车；现场组织调车作业；进行站线巡视和协助乘客乘降。在不设助理车站值班员岗位时，上述职责由站务员承担。

2．交接班制度

车站值班员交班时，应将列车运行和设备状态、上级指示和命令及完成情况等填记在"交接班登记簿"上，并口头向接班车站值班员交代清楚。

车站值班员接班时，要了解列车运行情况，对行车设备、备品、报表进行检查后，签认接班。内、外勤车站值班员实行对口交接。

交接班中的"五清"如下：

（1）设备、设施运行状态清；

（2）钥匙、备品齐全完好清；

（3）文件传达、重点工作、注意事项内容清；

（4）各类台账、备品情况清；

（5）运行计划、调度命令内容清。

交接班中的"五不接"如下：

（1）未在规定交班地点交班不接；

（2）未按要求穿着工服、未佩戴工牌、衣装不整不接；

（3）命令接收中不接；

（4）备品不清、卫生不好不接；

（5）上一班突发事件处理过程不清不接。

3. 检修施工登记制度

车站值班员对各项检修施工作业，应根据检修施工计划，向检修施工负责人交代有关注意事项后，方可登记。凡影响行车作业的临时设备抢修，要在与行车调度员重新联系作业时间并获同意后，方可登记。检修施工作业结束后，行车设备经试验后确认技术状态良好，方可签认注销。

4. 道岔擦拭制度

道岔必须有专人负责定期擦拭。擦拭人员擦拭道岔前必须与行车调度员联系，办理控制权下放手续。擦拭道岔时，车站控制室要有人监护，不准随意扳动道岔。擦拭道岔人员一律要穿绝缘鞋，携带防护用具，擦拭前施放木楔，无关人员不得擅自进入道岔区。如需转换道岔，室内监护人员与现场擦拭人员应进行联系，说明道岔号码及定、反位，现场擦拭人员要离开岔道。道岔擦拭完毕后，擦拭人员要认真清理现场、清点工具，撤除木楔，并检查有无妨碍列车运行及道岔转换的物品。试验道岔及确认良好后，与行车调度员办理控制权上交手续，有关按钮由信号人员加封并做记录，填写"道岔擦拭登记簿"。

清扫道岔五个步骤：一查、二刮、三扫、四擦、五上油。

5. 巡视检查制度

通电前，车站值班员应进行站线巡视，检查线路上有无影响列车运行的异物。对站内检修施工后的现场进行巡视检查，必须符合检修施工登记注销情况，检查行车控制台是否有异常情况。

6. 行车事故处理制度

发生行车事故后，应立即采取有效措施进行处理，同时向行车调度员及有关部门报告。认真记录事故发生的时间、地点、列车车次、车号、关系人员姓名及人员伤亡和设备损坏情况。赶赴现场，查找人证与物证，并做好记录。清理现场，尽快开通线路。对责任行车事故，应认真找出原因，提出处理意见，制订防范措施。

四、车站行车组织工作流程

国内城市轨道交通信号系统普遍采用列车运行自动控制（ATC）系统。正常情况下，城市轨道交通车站的行车组织作业主要包括运营前的检查、首班车的组织、运营期间的行车组织、接发列车作业、列车折返作业和末班车的组织等。如果发生信号系统故障等情况，调度控制中心下放控制权，命令车站进行行车控制。有联锁集中控制设备的车站应负责列车的接发车、折返作业，并根据调度命令配合行车调度员进行列车运行调整。

1. 运营前的检查

在运营前的规定时间内，各站必须及时向行车调度员报告运营准备情况，检查确认运营线路（含辅助线）是否已满足行车要求。

（1）行车值班员通过"施工登记簿""当班情况登记簿"确认所有影响行车的施工作业（简称"A 类施工"）已经结束。施工销点时，车站需要与施工负责人/责任人核实有关作业区的出清情况。在最后一项 A 类施工作业结束时（销点前），负责撤除车站红闪灯防护的人员应携带灯具，到线路上确认站内线路出清情况。

（2）值班站长在运营前的规定时间内，对本站站台区域的运营线路情况进行检查，确保线路出清，对屏蔽门进行开、关门测试，确保屏蔽门开、关功能正常。

（3）确认接触网、照明及环控系统正常。观察确认站内线路接触网正常；观察确认站控室内用电设备运作和车站照明工作正常；检查确认防灾报警系统 BAS、车站机电设备监控系统 EMCS、火灾自动报警系统 FAS 运作模式正确，各设备工作正常。

（4）联锁站行车值班员接到行车调度员检查道岔功能的通知后，在现场操作员工作站（LOW）接收控制权并进行以下操作。

① 对本联锁区内的每副道岔分别转动两个来回，连续操作速度不可过快，应在上次操作到位后再进行下次操作。

② 分别排列正线上的正向进路和反向进路各一次，分别排列正线到辅助线和辅助线到正线以及联络线到相邻线路的进路各一次，确认进路排列正常。

③ 按《行车组织规则》将相关道岔单独锁定在相应位置，打开相关信号机的相应功能。

④ 检查完毕后上交 LOW 控制权，检查过程中若发现任何异常现象，必须及时处理和汇报。

2. 首班车组织

开行首班车前，车站各岗位工作人员要准时开门、开启电动扶梯及照明设备、打开车站 AFC 设备、巡视车站等。行车值班员于首班车发车前的规定时间开始向乘客广播第一列车的到达时间及注意事项。

3. 运营期间的行车组织

城市轨道交通系统采用 ATC 系统，列车以规定速度进站，车站不显示接车信号且原则上不办理接发列车作业。

（1）信号系统实行中央级控制

列车以自动驾驶（ATO）模式运行时，各联锁站可通过 LOW 对本联锁区列车的运行状态进行监控。值班站长/行车值班员通过 LOW、CCTV 监视列车运行、到发情况；ATC 系统不能自动排进路时，值班站长/行车值班员通过 LOW 人工排列进路。

值班站长/行车值班员根据列车所处状态播放广播，做好乘客服务，监视站台乘客的候车秩序，确保站台安全。车站向行车调度员报点按《行车组织规则》有关规定执行：ATS 系统正常显示时，各站不需要向行车调度员报列车到开点；ATS 系统不能正常显示时，部分联锁站向行车调度员报点（此时这些站称为报点站）；当联锁设备发生故障时，报点站必须向行车调度员报点，并同时向前方报点站报开点；当开行工程车、调试列车或临时加开列车时车站必须填写"行车日志"，并向前方站报开点；列车在车站的停站时分晚点一定时间（如 30 s 以上）时，车站要向行车调度员报告原因；当发生意外事件时向行车调度员报告，同时填写"行车日志"，并记录好相关情况。

车站要随时监控调度命令发布系统的状态，及时接收行车调度员发布的调度命令，并书面打印命令（书面命令保存 3 个月），调度命令均需填写在"调度命令登记簿"上。

（2）信号系统实行车站级控制

车站在 LOW 上设置列车进路，监视列车在该联锁区的运行情况，发现问题及时报告给行车调度员。行车值班人员应随时注意，必要时按行车调度员的指示人工取消运营停车点，并随时注意运营停车点被自动提前取消的情况，做好相关记录。

车站在以下情况下要进行车站级控制。

① 安全操作的相关命令。

② 行车调度员命令。

③ 当车站发生危及行车安全必须用 LOW 才能处理时，必须强行站控。

④ ATS 系统发生故障。

运营期间，联锁站值班站长/行车值班员通过 LOW 监视列车运行情况。

站台岗站务员应随时注意列车运行情况及站台乘客动态，当列车进站时原则上应在站台扶梯口靠近紧急停车按钮处立岗，防止乘客在列车关门时冲上车被夹伤，同时负责维护站台秩序，监督司机按规范动作关门。

发车时，若站台岗站务员/司机发现站台或屏蔽门异常，应通知司机/站台岗站务员并及时处理。当乘客上、下车完毕，确认车门关闭状态良好，列车具备发车条件后，站台岗站务员方可向司机显示发车信号。

4. 接发列车作业

城市轨道交通正常情况下，车站不办理接发列车作业。车站对列车运行情况进行监视，负责向行车调度员报点。车站站台人员确认站台门及车门无夹人夹物后应及时在指定位置向列车驾驶员发出"好了"的手信号，终点站站台人员清客完毕后应及时向列车驾驶员发出"好了"的手信号。

某地铁公司中间站接发列车标准见表 2.4。

表 2.4　　　　　　　　　　　　　　　某地铁公司中间站接发列车标准

程序标准		岗位作业标准			
程序	项目	行车调度员	行车值班员	站务员	列车驾驶员
一、接车	（1）接车作业	⑪ 通过中央 ATS 系统和大屏幕监控列车运行及到站停车情况	③ 联锁站通过 ATS 系统监视列车运行情况 ④ 联锁站通过 ATS 系统确认列车停站情况 ⑤ 监视自动广播情况或播放必要的广播	① 站务员在指定位置（列车运行方向前端第二节车厢第二个车门的位置，靠近紧急停车按钮）接车，目迎列车进站	② 列车进站并对标停车
二、站台作业	（2）乘降作业		⑦ 维持秩序并观察乘客上、下车		⑥ 列车到站停车，列车驾驶员执行开门程序 ⑧ 在停站时间已到时，列车驾驶员执行关门程序
	（3）关门程序		⑨ 确认车门、站台门关闭良好，未发现夹人夹物情况；向列车驾驶员发出"好了"手信号		⑩ 列车驾驶员关门完毕后，确认站务员发出"好了"手信号后，上车关列车驾驶员室门，凭车载信号发车

5. 列车折返作业

列车折返是指列车通过进路改变、道岔转换，经过车站的调车进路由一条线路至另一条线路运营的方式。具有列车折返条件的车站称为折返站。根据车站折返线的布置，列车折返形式主要有站前折返、站后折返和混合折返三种。列车在折返作业过程中进折返线和出折返线时，凭借防护折返进路的信号机开

列车折返作业

放的信号运行，车站的折返作业根据车站折返线的设置和站台的形式安排折返进路。

（1）折返形式

① 站前折返。列车在中间站或终点站利用站前渡线进行折返作业称为站前折返。站前布置的折返线如图 2.41 所示。

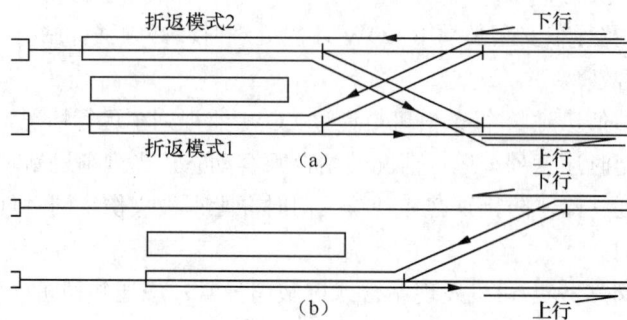

图 2.41　站前布置的折返线

图 2.41（a）为站前交叉渡线折返，一般有三种折返模式：折返模式 1 为侧进直出；折返模式 2 为直进侧出；另外还有优选模式，即信号系统设定折返模式 1 或折返模式 2 为优选模式。

图 2.41（b）为站前单渡线折返，一般仅有一种折返模式。

站前折返方式的优点：列车无空驶折返走行；乘客上、下车与列车驾驶员的折返一起进行，能缩短停站时间；车站正线兼折返线以及站线长度缩短，有利于降低车站的造价成本。

站前折返方式的缺点：出发列车与到达列车存在敌对进路；因列车进站或出站需要侧向通过道岔，故列车速度受到限制、影响乘坐的舒适感；在客流量大的情况下，站台乘客的上、下车秩序会受到影响。

② 站后折返。列车在中间站、终点站利用站后渡线或尽端线进行折返作业称为站后折返。站后布置的折返线如图 2.42 所示。

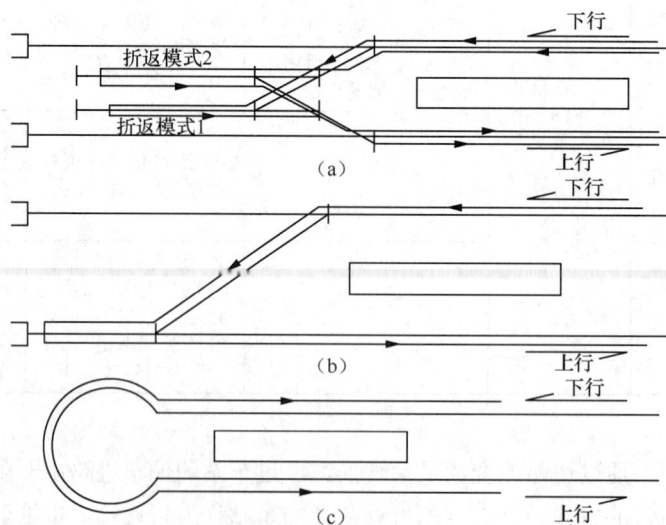

图 2.42　站后布置的折返线

图 2.42（a）为站后双折返线折返，一般有三种折返模式：折返模式 1 为侧进直出；折返模式

2 为直进侧出；另外还有优选模式，即信号系统设定折返模式 1 或折返模式 2 为优选模式。

图 2.42（b）为站后单渡线折返，仅有一种折返模式。

图 2.42（c）为站后"灯泡"线折返。

采用站后折返方式，出发列车与到达列车不存在敌对进路；列车进出站速度较快，有利于提高运行速度；列车进出站不经过道岔区段、乘客无不舒适感；此外，采用尽端线折返方式，折返线既可供列车折返，也可供列车临时停留检修。因此，站后折返方式被广泛采用。站后折返方式的缺点是列车的折返走行距离较长。

图 2.42（b）相对于图 2.42（a）而言，由于仅有一根折返线，因此折返线不具备存车功能，行车组织工作的机动性较差。

图 2.42（c）能保证最大的通过能力、节约设备费用与运营成本。但它也存在一些缺点，如列车在小半径曲线上运行时会造成单侧钢轨磨耗，折返线不能停放检修列车，以及若用明挖法施工修建则会增大开挖范围等。图 2.43 为某终点站站后环形折返线，该站修建了车站配线，解决了环形折返线不能停放列车的问题，提高了列车折返作业组织的机动性，但仍未解决该折返方式占用地面较广的缺陷。

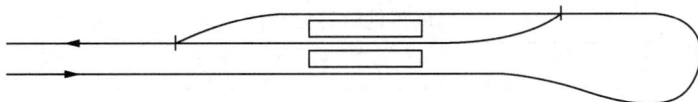

图 2.43 其终点站站后环形折返线

③ 混合折返。站后、站前混合布置的折返线如图 2.44 所示。

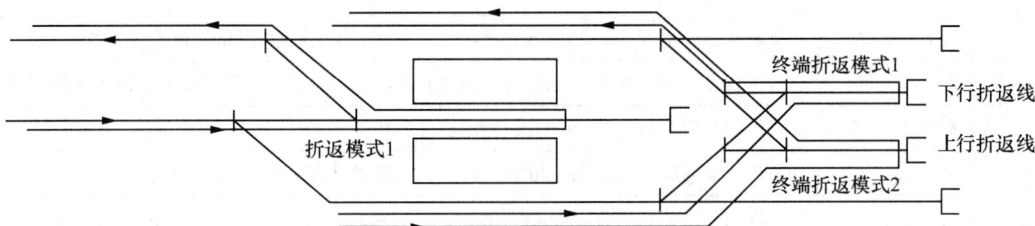

图 2.44 站后、站前混合布置的折返线

混合折返中，一般有三种折返模式：折返模式 1 为利用中间站台进行站前折返；折返模式 2 为利用站后的折返线进行站后折返，具体可分为终端折返模式 1 和终端折返模式 2；另外还有一个优选模式，如果站前折返不可用，就进行站后折返，站后折返再根据终端模式决定。

终端折返模式 1 为利用下行折返线折返；终端折返模式 2 为利用上行折返线折返；另外还有一种优选模式，以信号系统定义为准。

采用混合折返方式的目的是提高列车折返能力与线路通过能力。混合折返兼有站后折返与站前折返的特点。

（2）折返作业组织

① 中央控制。列车在进行折返作业前，应清客、关车门。列车折返进路由中央 ATS 自动排列或行车调度员人工排列。在车站有数条折返进路的情况下，应在折返作业办法中规定优先采用的列车折返模式，明确列车折返优先经由的折返线或渡线。在进行列车折返作业时，若要变更列车折返模式，在折返列车尚未起动时，可在通知折返列车司机后，变更列车折返模式。

在自动排列折返进路时，折返列车凭发车表示器的稳定白灯显示信号进入折返线或折返停车位置。在人工排列折返调车进路时，折返列车凭调车显示信号进入折返线或到达折返停车位置。列车停妥后，司机应立即进行列车换向作业，然后凭防护信号机的允许信号进入车站出发正线。

在列车自动驾驶时，列车进出折返线的速度按接收到的 ATP 速度码自动控制；在列车人工驾驶时，列车进出折返线的速度根据有关规定由司机人工控制。

② 车站控制。车站控制时的折返作业组织，除列车折返进路由车站值班员人工排列外，其余与中央控制时相同。原则上，车站值班员按折返作业办法中规定的优先模式排列折返进路，若要变更列车折返模式，必须得到行车调度员的同意。

6. 末班车组织

车站在末班车开出前的规定时间开始广播，通知停止售票和进站检票工作，检查确认付费区内乘客均已上车，确认无异常情况后才能向司机发出发车信号。

五、车站的开、关站程序

城市轨道交通车站、开站程序规定车站各岗位人员在每天运营时间开始时的作业内容和时间。某城市地铁开站程序见表 2.5。

表 2.5　　　　　　　　　　　　　　某城市地铁开站程序

序号	责任人	内容
1	行车值班员	通勤车到站前 30 min，按规定试验道岔、安排人员试开关屏蔽门，检查站台和线路出清情况，并汇报行调。通勤车到站前 10 min 安排人员到站台接发通勤车
2	行车值班员	首班载客列车到达前 30 min，通过机电设备监控系统（EMCS/BAS）开启环控系统并检查运行情况
3	站台岗站务员	首班载客列车到站前 20 min 到站，首班载客列车到站前 10 min 领齐备品到岗
4	行车值班员	首班载客列车到站前 15 min 打开照明开关，并开启自动检票（AFC）设备（除闸机外）
5	行车值班员	首班载客列车到站前 10 min 检查闸机开启状态
6	售票员	首班载客列车到站前 30 min 领票，首班载客列车到站前 12 min 到岗
7	值班站长	首班载客列车到站前 20 min 巡视全站，首班载客列车到站前 10 min 完成出入口大门、扶梯的检查工作，并巡视全站
8	行车值班员	向乘客广播候车的注意事项

城市轨道交通车站的关站程序规定车站各岗位在每天运营时间结束时的作业内容和时间。某城市地铁关站程序见表 2.6。

表 2.6　　　　　　　　　　　　　　某城市地铁关站程序

序号	责任人	内容
1	值班站长	最后一趟载客列车到达前 15 min 到站厅检查服务告示牌
2	行车值班员	上/下行最后一趟载客列车开出前 10 min 开始广播
3	行车值班员	最后一趟载客列车到达前 5 min 关闭自动售票机（TVM），通知并广播停止售票和进站检票
4	值班站长	最后一趟载客列车到达前 5 min 确认所有 TVM、入闸已关闭，监控停止售票广播的播放情况
5	巡视岗人员	最后一趟载客列车到达前 5 min 在 TVM、每组闸机前摆放停止服务告示牌

序号	责任人	内容
6	售票员	收拾票、钱，整理票务处备品，注销窗口制票机（BOM），回 AFC 点钞室结账
7	客运值班员	与售票员结账
8	行车值班员	运营结束后，执行车站节电照明模式
9	值班站长	清站，确认出入口关闭，扶梯、照明、AFC 设备全部关闭

任务评价

任务评价表

学习内容	项目二　车站行车组织		姓名	
	任务三　车站行车作业		学号	
评价要素			分值	考核得分
（1）能够说出车站行车人员相关职责			10	
（2）能够描述车站行车组织流程			30	
（3）能够陈述车站的开关站程序			10	
（4）能与组员协作、高质量完成学习汇报			20	
（5）能专注听取同学的汇报			20	
（6）能虚心接受老师或同学的评价			10	
总体得分			100	
教师评语：				

复习思考

1．什么是车站？车站是如何进行分类的？

2．车站由哪些部分组成？线路由哪几部分组成？

3．城市轨道交通车站与行车相关的分类方法有哪几种？

4．车站有哪些行车设备？

5．为什么说线路是列车运行的基础？

6．道岔有什么作用？

7．简述道岔维护的相关规定。

8．人工操作道岔有哪些要求？

9．城市轨道交通常用信号机有几种？设在什么位置？通常各种颜色代表什么含义？

10．车站有哪些通信设备？各有什么作用？

11．路票包括哪些内容？什么情况下使用？填写注意事项有哪些？

12．在城市轨道交通线路中，为什么线路中间的有些车站也需要设置区间折返线？

13．简述城市轨道交通车站行车组织人员及相关职责。

14．列车折返有哪几种方式？简述各自的特点。

15．正常情况下车站如何接发车？非正常情况下车站如何接发车？

项目三
车辆段行车组织

知识地图

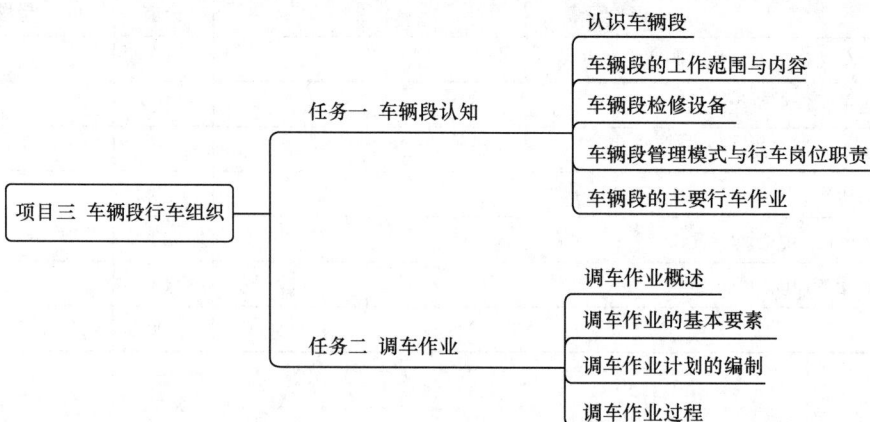

项目三 车辆段行车组织

任务一 车辆段认知
- 认识车辆段
- 车辆段的工作范围与内容
- 车辆段检修设备
- 车辆段管理模式与行车岗位职责
- 车辆段的主要行车作业

任务二 调车作业
- 调车作业概述
- 调车作业的基本要素
- 调车作业计划的编制
- 调车作业过程

学习目标

知识目标

- 能正确说出车辆段的基本概况。
- 能说出车辆段的运用流程。
- 知道车辆段行车组织工作内容。
- 能说出车辆段的调车作业过程。

能力目标

- 能正确判断车辆段设备的类型、状态。
- 能正确判断车辆段的行车作业形式。
- 能处理特殊情况下的调车作业。
- 能结合案例分析城市轨道交通车辆段的调车作业。

项目导学

　　车辆段是实现城市轨道交通运营的基地，是实现正线运营的可靠保证。本次任务依据车辆段的设备及作业特征，独立判定车辆段的特点，理解车辆段对行车组织的影响；根据车辆段行车作业任务，结合线路、库区的布局及用途，对需要进行清洗、检修的车辆按照调车作业标准正确安排调车作业计划，并及时完成取送。

通过学习，读者应明确车辆段的衔接方向、作业特征、作业设备，判定设备的状态，掌握主要的行车作业内容，理解调车作业的目的、条件、要求、内容，掌握调车作业的定义及分类，掌握调车作业计划的编制、传达与变更，理解并掌握调车作业方法等。

任务一　车辆段认知

📖 **任务要求**

某城市地铁 1 号线的某次列车 8:00 从始发站出发，完成一次折返后返回车辆段进行检修，请说出担当本次列车的车组在车辆段内要进行哪些行车作业。

通过学习，认识车辆段的组成；能识别车辆段检修设备；能讲述车辆段行车组织工作。

车辆段认知

✏️ **任务实施**

一、认识车辆段

城市轨道交通的车量保有量较多、运行时间长、运行距离长、技术要求高、安全性高，对车辆的运用、维护、保养、检修均有很高的要求，所以需要设置专门的机构来完成相关工作。车辆段就是城市轨道交通系统中对车辆进行运营管理、停放、检修及保养的场所。

原则上，一条线路设置一个车辆段。若运行线路较长，为有利于运营和分担车辆的检查、清洗工作量，可在线路的另一端设停车场，负责部分车辆的停放、运用、检查和整备工作。

车辆段总体上分为三部分：咽喉部分、线路部分和车库部分。车辆段组成如图 3.1 所示。

图 3.1　车辆段组成

1. 咽喉部分

咽喉部分是车库部分与正线连接的地段，有出入段线和众多道岔，直接影响整个线路的正常运营。

2. 线路部分

线路部分包括各种不同用途的线路，有以下几种。

（1）检车线。检车线是在停车库出入口布置的临时停车线，股道有效长度为列车长度+8 m，配有调车信号机，可以进行简单的维护保养作业，如图 3.2（a）所示。

（2）停车线。停车线是停车库内专门用于停车的线路，如图 3.2（b）所示。

（a）检车线　　　　　　　　　　　　　（b）停车线

图 3.2　检车线与停车线

（3）洗车线。洗车线设置于停车库与运行线路之间，是专门用于清洗车辆的线路，如图 3.3（a）所示。

（4）列检线。列检线是专门用于一般检查的停车线，如图 3.3（b）所示。

（a）洗车线　　　　　　　　　　　　　（b）列检线

图 3.3　洗车线与列检线

（5）出入库线。出入库线是连接检修库与停车库，或直接与正线连接的线路，如图 3.4（a）所示。

（6）车体整修线。车体整修线是完成分解车体、喷丸除锈、结构整修、车体组装等作业的线路，如图 3.4（b）所示。

（a）出入库线　　　　　　　　　　　　　（b）车体整修线

图 3.4　出入库线与车体整修线

（7）试车线。试车线是对完成定修、架修、大修等修程的车辆进行试车检测的线路，如图3.5（a）所示。

（8）检修线。检修线是设在各检修库内的线路，如图3.5（b）所示。

（a）试车线

（b）检修线

图 3.5　试车线与检修线

3. 车库部分

车库部分有停车库、列检库、检修库、洗车库等。车库的外观如图3.6所示。

图 3.6　车库的外观

停车库和列检库用于停放车辆、进行车辆技术检查等日常工作。检修库用于车辆的定期检修作业。洗车库用于对车辆进行清洁、清洗。

二、车辆段的工作范围与内容

车辆段的工作范围与内容主要包括以下几方面。

① 日常维护。收车后，对车辆按养护规定进行日常检查保养，对车辆内外部进行清洗打扫。

② 列检。对各主要部件进行外观检查，对危及行车安全的故障及时进行重点处理。

③ 月检。对车辆外观和主要部件的技术状态进行检查，对危及行车安全的故障进行全面处理。

④ 定修。预防性地对各大部件的技术状态进行仔细检查，对车上仪器和仪表进行校验，对发现的故障进行针对性处理。

⑤ 架修。检查和修理大部件，对车辆各部件进行解体和全面检查、修理、试验、校验。

⑥ 大修。全面恢复性修理，对车辆全面解体、检查、修理、整形、试验、校验、调试、油漆。

三、车辆段检修设备

车辆段中用于对车辆进行检修的设备主要有以下几种。

1. 运输设备

运输设备包括轨道、平地两用电动牵引车、移车台、轨道车、转轨设备等。其中，轨道车用于完成线路施工维修运输和调车时的牵引作业，车内空间大，可乘载 6 人。轨道车如图 3.7 所示。

图 3.7　轨道车

2. 升降设备

升降设备包括架车机、落轮升降台等。架车机用于同步提升多节未解构的列车单元组，以方便对列车车体下部的机械、电气部件进行维修、保养和更换。架车机如图 3.8 所示。

图 3.8　架车机

3．其他设备

除运输设备和升降设备外，车辆检修设备还包括以下几种。

① 清洗设备。清洗设备包括洗车机、转向架冲洗机、高压冲洗机、超声波清洗机等。

② 修理加工设备。修理加工设备包括不落轮镟床、轮对压装机、轨道打磨机等。

③ 检测设备。检测设备包括超声波轮对探伤仪、轮缘轮距测量仪、车门驱动空气压力测量装置等。

④ 试验设备。试验设备包括列车静调试验台、转向架试验台等各种试验台。

四、车辆段管理模式与行车岗位职责

《车辆段场行车工作细则》（简称《段细》）是停车场行车工作的重要技术文件，其内容包括停车场概况、技术设备、日常运营生产计划及生产管理制度、列车出入场工作、接发车作业、调车作业、检修施工管理、车辆运用整备作业、车辆检修作业、装卸作业、列车与车辆技术作业过程及其时间标准等。

1．管理模式

（1）管理模式的类型

按照车辆段接发车、调车（试车）、施工、车辆检修、设备管理等作业管辖主体不同，停车场管理一般可分为分散控制和集中控制两种模式。

① 分散控制。分散控制是由不同业务主管单位或部门根据对车辆段的职责范围、作业性质等条件进行自我管理，并设计一定的程序对有接口的工作任务实行统一规范的管理模式。目前，大多数城市的轨道交通停车场都采用这种管理模式。

② 集中控制。集中控制模式，即车辆段控制中心（DCC）管理模式，是由不同业务主管单位或部门联合组成的车辆段控制中心，对车辆段中的各项生产作业任务进行综合管理的模式。与线路运行控制中心（OCC）统一管理正线相对应，停车场由 DCC 统一进行管理，二者相辅相成，构成线路运营指挥体系。

与分散控制相比，集中控制的信号楼职能不变，只是在原有运转值班室功能的基础上进一步整合了车辆检修、车场安全防控、列车上线联控等工作。DCC 管理模式具有集中性强、生产效率高、信息流转快等特点，现已有城市轨道交通在试点采用这种模式。

（2）集中控制的职责

集中控制 DCC 管理模式主要包括行车管理、乘务管理、施工管理、故障管理、安防监控管理五个方面。

① 行车管理。行车管理包括接发列车管理、场内调车（试车）作业管理、行车防护管理、各类工程车/列车的停放管理（库位管理），与 OCC 间相联系、协调。

② 乘务管理。乘务管理包括乘务派班和出退勤管理、司机报单管理。

③ 施工管理。施工管理包括各类工程车/列车的日常清洁、检修（含车辆及通号车载检修）及联控管理、所有检修/施工的实施管理。

④ 故障管理。故障管理包括运营列车的故障管理（列车故障由司机负责录入）、基地生产区域内设施设备故障管理。

⑤ 安防监控管理。安防监控管理包括火灾报警系统（FAS）、周围的报警信息监控及信息跟踪管理。

2. 行车岗位职责

（1）车辆段调度员的职责

车辆段调度员负责有关行车计划（列车发车计划、电客车辆整备计划、场内调车计划等）的编制与下达；监控电客车辆及其他车辆的技术状态，根据车辆检修计划安排车辆的下线检修工作，在车辆出现故障时通知检修人员对车辆实施临修；负责乘务员的出勤与退勤工作，调配备班司机完成临时出车任务；对调度员内部行车设备进行管理与监督（包括检修与施工）。

车辆段调度员需掌握以下内容。

① 本班及正线行车概况。

② 列车、工程车开行计划。

③ 客车、工程车整备及备用情况。

④ 客车、工程车检修、调试、交验情况。

⑤ 车辆段内股道运用及防溜措施落实情况。

⑥ 接触网供电及隔离开关使用情况。

⑦ 洗车作业实施情况。

⑧ 车辆段内行车设备施工、检修作业情况。

⑨ 行车有关设备、备品的使用情况。

⑩ 行车有关命令、指示及台账的情况等。

（2）信号楼行车值班员的职责

信号楼行车值班员根据车辆段调度员的安排负责车辆段内的进路准备，并根据车辆段调度员的要求准备列车进出车辆段的进路。信号楼行车值班员需掌握以下内容。

① 本班车辆段内及正线行车概况。

② 列车、工程车开行计划。

③ 车辆段内股道运用及接触网供电情况。

④ 洗车作业实施情况。

⑤ 车辆段内行车设备的施工、检修作业情况。

⑥ 行车有关设备（包括隔离开关）、备品的使用情况。

⑦ 行车有关命令、指示及台账的情况等。

（3）乘务组的职责

根据列车配置数和运行图的要求设若干个乘务组，由乘务长进行管理指挥。乘务组的主要职责是按照运行图的要求，安全、快速、准点地驾驶列车，并配合进行车辆的调试、验收、保养等工作。

（4）调车人员的职责

车辆段内调车作业人员由两名司机担任：一名司机负责驾驶列车；另一名司机任调车员，负责指挥调车作业。开行工程车工作人员也由两名司机担任：一名司机负责驾驶工程车；另一名司机担任车长，负责指挥列车运行及检查、监控车辆内的装载货物是否安全，推进运行时负责引导瞭望。无作业时，司机负责机车自检自修和机车日常保养等工作。

调车人员负责车辆段内的调车作业、防溜措施实施、人工准备进路等，调车人员需要掌握以下内容。

① 本班车辆段内及正线行车概况。

② 列车、工程车开行计划。

③ 客车、工程车整备及备用情况。

④ 客车、工程车检修、调试、交验情况。

⑤ 车辆段内股道运用及防溜措施落实情况。

⑥ 接触网供电及隔离开关使用情况。

⑦ 车辆段内行车设备施工、检修作业情况。

⑧ 行车有关设备、备品的使用情况。

⑨ 行车有关命令、指示及台账的情况等。

五、车辆段的主要行车作业

车辆段除对车组在车辆段内进行检修、整备外，主要行车作业还有接发列车作业、调车作业、试车作业三大类。

1. 接发列车作业

（1）发车作业

按照每天运营任务确定好的车组，要在不同的时间从车辆段出发进入正线投入运营。信号楼值班员在车辆段调度员的指挥下，及时组织列车从车辆段出发进入正线所办理的各项作业，这就是发车作业。

**车辆段的主要
行车作业**

（2）接车作业

列车完成正线运营任务后返回车辆段。信号楼值班员在车辆段调度员的指挥下，及时组织列车进入车辆段车库所办理的各项作业，就是接车作业。

2. 调车作业

为保证次日运营需要或车组检修的需要，车组或工程车不可避免地在车辆段的不同车库间与线路上移动，这需要利用车辆段内的牵出线和车库线、检修线等线路进行调车作业。调车作业的动力除来自专用的调车机车外，还可以来自轨道牵引车或动车组。车辆段的调车作业主要有以下几种。

（1）列车出入库

列车入库按调车作业有关规定进行，进入车库前应在库门外停车。有人接车时，按入库手给出的信号进入车库；无人接车时，乘务员应下车确认库门正常打开、接触网送电，且后方能进入车库。列车出库与入库作业相反，但内容相同。

（2）车辆转线

车辆因定期检修的需要而进行的移库或转线作业。

（3）工程车出入库

为完成施工必须开行工程车，工程车在车辆段的出入库同样也是调车作业。

3. 试车作业

为确保车辆的技术性能符合正线运行的要求，车辆在定期检修后应进行调试，包括车场内调试和正线上调试。其中，车场内调试又分为试车线试车、股道试车和非进路试车三种情况。

（1）试车线试车

试车线试车是指由车辆检修部门向运转值班室提出试车申请，运转值班员通知信号楼的行车值班员布置进路，列车按调车信号驶入试车线进行调试。

（2）股道试车

股道试车是指车辆在车库内线路上进行小范围的动态调试。车辆检修部门向运转值班室提出

试车申请，运转值班员派出司机配合试车。

（3）非进路试车

非进路试车是指车辆在车场线路上进行大范围的动态调试。车辆检修部门向运转值班室提出试车申请，运转值班员派出司机配合试车。

任务评价

任务评价表

学习内容	项目三　车辆段行车组织	姓名	
	任务一　车辆段认知	学号	
	评价要素	分值	考核得分
（1）能认出车辆段的组成部分		10	
（2）能识别车辆段检修设备		10	
（3）能描述车辆段行车组织工作		30	
（4）能与组员协作、高质量完成学习汇报		20	
（5）能专注听取同学的汇报		20	
（6）能虚心接受老师或同学的评价		10	
总体得分		100	
教师评语：			

任务二　调车作业

任务要求

图 3.9 所示是某地铁车辆段的部分线路平面图，请在车辆段调度员、运转值班员、信号员、调车员、司机等的协助下，根据各自的业务规程和作业要求，完成图 3.10 所示的地铁调车作业单的填写。

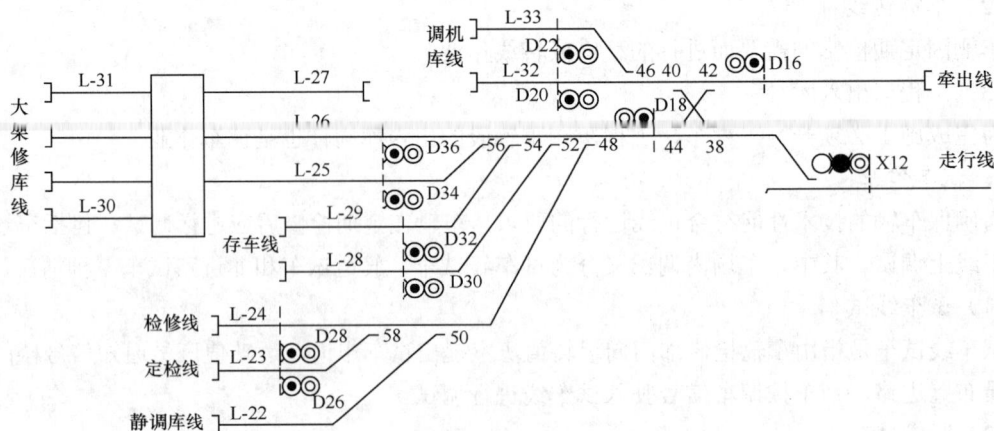

图 3.9　某地铁车辆段的部分线路平面图

机车(客车)号码_____　　　班组_____　　　第____号

作业项目	作业时间	序号	股道 勾车 种数	安全事项及其他交待
		1	L35调机出	制动系统是否正常
		2	L29+2	[□是，□否]
		3	L24-1	悬挂系统是否正常
		4	L23+2	[□是，□否]
		5	L29-3	接触网设备是否正常
		6	L25+1	[□是，□否]
		7	L22-1	线路、道岔是否正常
		8	牵出线待机	[□是，□否]
		9		信号设备是否正常
		10		[□是，□否]
		11		特殊运行速度限制：
		12		km/h 以内
		13		调试时驾驶模式：
		14		
		15		存车情况：
		16		
		17		
		18		

车辆段调度员：姓名　　　　　　　　　2010 年 10 月 9 日

图 3.10　地铁调车作业单

学习调车作业后，能讲述调车的概念、分类和任务；能根据调车作业计划，按作业标准，完成调车工作。

✎ **任务实施**

城市轨道交通调车作业通常是在折返站和车辆段范围内进行的。在折返站内主要利用站内正线、折返线等线路进行调车作业；在车辆段内是利用牵出线、车库线、检修线等线路进行调车作业的。调车作业的动力除使用专用的调车机车来提供外，还可以使用轨道牵引车或电客车组来提供。

一、调车作业概述

1. 调车的定义

车辆段内除列车进出车辆段外的一切机车车辆、列车的有目的的移动都称为调车。

2. 调车作业的分类

（1）按作业地点分类。调车作业按作业地点可分为车辆段调车和车站调车。

（2）按工作内容和目的分类。调车作业按工作内容和目的可以分为以下两大类。

① 由电动列车完成的转线转场、出入车辆段洗车和试车等相关的作业。

② 由内燃机车以及其他机车完成的编组解体、转线、摘挂取送等相关的作业。

无论是何种形式的调车作业、在方法的使用和实现上有何区别，它们最基本的要求、条件都是一致的，没有根本上的差异，仅是形式和表现方法不同。其中，转线调车是折返站和车辆段中

调车作业概述

常见的调车种类。

3. 调车的任务

调车的任务如下。

（1）及时、正确地进行调车作业，保证电动列车按运行图的规定时刻发出列车，按运行图的要求安排使用列车。

（2）及时取送需检修的车辆，保证检修车辆准时到位。

（3）保证基地设备以及调车作业运行安全和工作人员的人身安全。

（4）确保其他物资运输的运行秩序正常。

4. 领导与指挥

调车作业的领导与指挥规定如下。

（1）调车作业必须贯彻统一领导、单一指挥的原则。

（2）车辆段内的调车作业，由车辆段调度员担任调车领导人，调车员担任调车指挥人。调车作业人员应按作业标准和调车作业通知单执行调车作业。在车站调车时，以值班站长为调车领导人，以车长为调车指挥人。

（3）车辆段调度员应根据机车车辆、线路、设备检修计划和现场作业情况，合理、科学、正确地编制调车作业计划，组织调车人员安全、及时地完成调车任务。

（4）调车作业由调车员单一指挥。调车员根据调车作业通知单正确、及时地显示信号，指挥调车机车运行，并注意行车安全。

（5）调车司机应根据调车员的信号准确、平稳地操纵机车，时刻注意确认信号，不间断地进行瞭望，正确、及时地执行信号传达的命令，负责调车作业安全。

（6）车辆段信号楼值班员根据调车作业通知单和现场作业情况、机车车辆停放股道情况，正确、及时地排列调车进路、开放调车信号，做到随时监控机车车辆运行。

5. 调车作业的基本要求

调车作业的基本要求如下。

（1）调车作业必须按照调车作业计划及调车信号机的信号显示要求进行，没有信号不准动车，信号不清立即停车。

（2）特殊情况使用无线电对讲机联络进行调车作业时，司机与调车员必须保持联络畅通，联络中断时应及时采取停车措施，停止调车作业。

（3）调车作业时，调车员必须正确、及时地显示信号，司机要认真确认信号并鸣笛回示。

6. 配合协作要求

调车作业的配合协作要求如下。

（1）调车作业是参加调车作业的相关人员，如司机、调车员、车辆段信号楼值班员等相互配合、相互协作的过程。因此，无论是车辆的动车、信号确认、进路确认，还是其他注意事项等，都必须在作业前明确。

（2）车辆段信号楼值班员必须按规定正确、及时地安排调车进路，并且监视运行情况。

（3）调车员必须看清计划，确认状态安全后，才允许显示信号，不得盲目指挥、盲目显示信号。

（4）司机必须确认信号，瞭望四周情况后才能起动机车。

7. 确认的基本内容

调车作业中应该看清与确认的情况包括以下内容。

（1）线路情况、停留车位置情况。

（2）道岔开通情况、信号显示情况。

（3）车下障碍物与异物情况。

（4）检修线以及所进入线路的作业情况和进出库房大门的情况。

（5）连挂的车辆情况。

（6）走行速度情况、道口四周情况。

（7）参加调车作业的人员情况。

8. 终止作业条件

终止作业的条件如下。

（1）在调车作业中，调车人员显示的信号得不到司机回示或认为速度过快以及发现其他异常情况时，必须立即显示停车信号。

（2）司机在无法瞭望信号、信号中断、联络中断或者认为有异常情况时必须立刻停车。

（3）车辆段信号楼值班员发现调车作业人员或作业过程中有违反安全规定的情况时应立即采取措施，命令调车作业终止。

（4）车辆段或车站管理人员发现有危及调车作业安全、设备安全、人员人身安全的情况时，应立刻通知有关人员停止调车作业。

二、调车作业的基本要素

1. 调车钩

调车钩是指连挂或摘解一组车辆的作业，是用以衡量调车工作量的一种基本单位。"一钩"作业，一般是指机车（列车）或机车连挂车辆从一股道线路运行到另一股道线路完成"取"或"送"的作业。完成一项调车作业，需要由若干调车钩来实现。一般调车作业通知单就是以调车钩的情况来表示的。

调车钩按其性质主要分为挂车钩和摘车钩两种。

（1）挂车钩。挂车钩是指机车（或挂有车辆）驶到线路内的连挂车辆后，将其牵出至进行下一项作业地点的调车钩。

（2）摘车钩。摘车钩按其采用的作业方法不同，又可分为推送钩和溜放钩两种，而城市轨道交通只使用推送钩。

推送钩是指机车将车组推送至线路内预定地点摘车后，返回进行下一项作业地点的调车钩。

2. 调车程

调车程是指机车车辆不改变运行方向的一次移动。它是衡量调车工作效率的基本要素，一般情况下，调车程越长，机车消耗的燃料和花费的时间越多，调车工作效率越低。

城市轨道交通由于场地和线路条件的限制，大多数是短距离调车，调车程较短。因此，调车作业可根据线路中设备的具体条件采用加速-制动型、加速-惰行型或是加速-惰行-制动型调车程。

调车组织工作的主要任务是在保证安全的基础上，尽量减少调车钩数，缩短调车程，压缩平均完成一个调车钩所需的时间（简称"钩分"），努力提高调车工作效率。

三、调车作业计划的编制

调车作业都是通过调车作业计划来实现的，所以对于调车作业来说，调车作业计划是进行调车作业的凭证与根据。调车作业计划是由调车领导人编制，以书面形式或口头形式下达的调车作业通知，内容包括起止时间、担当列车（机车）作业顺序、股道号、摘挂辆数（编组车号或车位）、安全注意事项等。

1．编制调车作业计划的资料来源

（1）车辆部检修调度人员提供的车辆检修计划及签认的临时维修计划。

（2）开行工程车计划。

（3）材料总库的车辆装卸情况。

（4）维修工程部生产调度提报的设备检修配合计划。

（5）维修工程部、承建商提供的动车计划。

（6）车辆部设备车间提供的扣修计划和工程车故障报修单。

（7）动车的其他情况。

2．调车作业通知单

调车作业计划以"调车作业通知单"的形式编写，调车作业通知单是布置调车作业计划的书面计划。调车作业通知单的内容应有班次、日期、计划编号、担当机车、作业项目、计划起止时分、作业程序、场别、股道、摘挂车数、作业方法、残存车数、记事等。

（1）钩种代号。调车钩是完成连挂、摘解或取送车辆等调车工作的基本单位，根据作业内容调车钩的种类和简写可以分为挂车"+"、摘车"−"、转头"△"、待命"D"、交接"JJ"、加油"JY"、充电"CD"、清洁"QJ"等。

（2）股道代号。股道代号中填写车辆段的具体线路编号。

某地铁车辆段的部分线路平面图如图3.9所示。股道代号有检修线，如L-24；调机库线，如L-33；大架修库线，如L-30、L-31；静调库线，如L-22，其他代号，如铁鞋"⊿"、手闸"⊕"、木鞋"◢"等。

（3）格式。不同公司的调车作业通知单的格式有所不同，应按各公司的规定格式填写齐全，各种符号及内容按照行车组织规则等的规定填记。

3．调车作业计划的编制、布置与传达

（1）编制计划。由于调车作业中地点比较分散，涉及作业部门较多，钩数较多，不易记忆，环境因素对作业影响较大，因此一般规定调车作业钩数在3钩以上时应由调车领导人编制调车作业计划。调车领导人根据生产部门提出的要求，根据实际运行状况正确、合理、及时地制订调车计划。

编制调车作业计划时应充分考虑各方面的因素与条件，力求在确保行车安全的前提下，提高调车作业效率，以最少的作业钩数、最短的调车程完成相应的调车工作。

（2）布置与传达。车辆段调度员应亲自向调车员交递计划，以书面形式下达。调车员应根据调车作业计划制定安全防范措施及其他注意事项，并亲自向司机交递和传达。

段调度员以书面形式或电话形式向车辆段信号楼值班员传达计划，车辆段信号楼值班员接收计划时应复诵核对。

变更作业计划不超过3钩时，可以口头布置，有关人员应复诵。变更作业计划应停车传达，确认有关人员清楚收到。

4. 调车作业计划的变更

变更作业计划主要是指变更作业股道摘挂辆数与车辆号、作业方法及取送作业或转线的区域或线路。变更作业计划的规定如下。

（1）调车作业中必须严格按照调车作业计划所规定的内容与要求进行，不准私自改变作业内容与计划。

（2）当因运行状况以及生产实际需要必须变更调车作业计划时，应该停止进行中的作业。

（3）由运转值班员或行车值班员将变更后的计划向调车员及信号员重新布置、传达清楚，并且有关人员进行核对和复诵，确认无误后，方可继续作业。

（4）变更计划不超过 3 钩时可以口头传达，超过 3 钩时应重新编制书面调车作业计划。

（5）为贯彻集中统一指挥的原则，调车作业中调车员在作业过程中认为必须变更原计划。取消执行原计划时，应及时向调车领导人反映，由调车领导人重新编制书面计划后执行。

5. 调车作业的方法

轨道交通企业调车作业的方法有推送调车法和溜放调车法。推送调车法是指将车辆由某一股道移到另一股道，在移动过程中不摘车的调车方法。溜放调车法是指推送车辆到达一定速度后摘钩制动，使摘解的车组依靠获得的动能自行溜放到指定地点的调车方法。与溜放调车法相比，推送调车法需要的时间较长，但这是一种比较安全的调车方法。地铁调车时采用牵出线平面调车，考虑到安全和线路条件的限制，通常采用推送调车法，禁止使用溜放调车法。

四、调车作业过程

1. 调车作业的基本过程

（1）提交与实施调车作业计划

① 提交调车作业计划。

所有需要开行电客车配合的施工及检修培训试车线调试作业，均需书面形式，即填写电客车转轨计划单或工程机车、平板车转轨需求计划单，由检修调度员或作业负责人向车辆段调度员提报。提报的电客车转轨计划单或工程机车、平板车转轨要求计划单需真实、准确。

已书面提报转轨计划的机车车辆检修调度员或作业负责人需确认该机车车辆符合动车条件，检修调度员需组织确认具备转轨条件后才能提报电客车转轨计划单或工程机车、平板车转轨需求计划单。

转轨计划需尽可能提前提报给车辆段调度员，具体需要做到以下内容。

a. 计划性维修、调试、改造的调车作业至少提前 4 h。

b. 临时维修的调车或调试作业至少提前 2 h。

c. 故障抢修的调车转线作业或其他转线作业至少提前 1 h。

d. 需工程车配合调动的车辆，调车转线作业计划至少提前 3 h。

e. 因检修作业需增派司机配合的，检修调度员必须写好书面计划，于计划实施前 1 天交车辆段调度员，以避免派班员无法及时安排人员配合。

② 实施调车作业计划。

车辆段调度员接到调车计划后，及时组织有关人员在要求时间内完成作业。原则上凭自身动力的调车转线作业于车辆段调度员发出调车作业单 60 min 内完成；需工程车配合调动客车的调车转线作业于车辆段调度员发出调车作业单 90 min 内完成。

如有特殊原因不能及时编制或派出调车作业单，车辆段调度员应通知相关调度员并说明原因。

车辆段调度员应根据调车计划亲自编制调车计划单，结合作业特点，车辆段内施工、停电等作业情况，有针对性地制定安全防范措施及注意事项。

车辆段调度员向乘务值班员、司机、调车员传达计划时，接收计划的人员必须认真复诵，确保清楚无误地掌握计划。

接收计划的人员接到计划后，需向本班人员准确传达，以确保计划执行到位和充分发挥互控作用。

车辆段调度员编制调车计划单时，需考虑周全，避免在作业执行过程中变更计划。一旦需要变更计划，变更作业不超过 3 钩时，可以口头布置，但必须停车传达，接收变更计划的有关人员应复诵，车辆段（场）调度员必须确认其复诵无误；变更作业超过 3 钩时，必须收回原计划，重新出具书面计划，以确保计划准确。

（2）准备进路及动车指令

车辆段调度员按照调车计划，通过控制台操作道岔并单独锁闭后，向司机发出道岔开通位置及动车的指令。需现场手摇道岔人工办理进路时，完成后向司机发出道岔"好了"的手信号为动车指令。

（3）确认进路

单机或牵引运行时，前方进路由司机和调车员共同确认；推进运行时，由调车员确认。

（4）准备连挂

① 摘车时，应执行一关（关折角塞门）、二摘（摘风管）、三提钩的作业程序。

② 摘接风管、调整钩位、处理钩销时，应等待车辆、车列停妥，并向司机发出防护信号。

③ 调整钩位、处理钩销时，不要探身到两钩之间。

④ 使用折叠式手闸，必须在停车时竖起闸杆，确认方套落下、月牙板关好、插销上好后方可使用，注意确认手闸链条良好。

（5）连挂车辆

① 连挂车辆，调车员应显示连挂信号和 3、2、1 车的距离信号（如 3 车 66 m、2 车 44 m、1 车 22 m），没有显示连挂信号和距离信号不准挂车。

② 机车、车组接近被连挂车辆不少于 1 m 时一度停车，确认车钩位置正确后再连挂。

③ 单机连挂车辆不需显示距离信号，但在距存放车辆不少于 1 m 时应一度停车，根据调车员手信号挂车。

（6）显示调车信号

调车员应正确、及时地显示信号，司机应认真、不间断地确认信号，并鸣笛回示。没有调车员的起动信号禁止动车；没有鸣笛回示时，调车员应立即显示停车信号。信号显示错误或不清时，司机应立即停车。

（7）推进运行

调车作业推进运行或连续连挂超过 3 个车辆时，应进行试风。调动平板车，重车超过两辆或空车超过 4 辆时必须连接风管。

（8）镟轮作业调车

① 客车进行镟轮线作业时，原则上只能利用工程车来连挂调动转线，推进进入镟轮线对标停车，运行到镟轮线平交道前的"一度停车标"前停车，客车司机停车制动并降下受电弓。若客车

自身有牵引动力，车辆段（场）调度员通知检修调度员，检修调度员接到通知后，于 10 min 内用镟轮牵引车将客车拉进库内停放。

② 工程车调动客车作业过程中，进入镟轮线的限速为 3 km/h，对标停车后，工程车调车员在客车两端放置铁鞋，做好防溜措施后解钩。工程车按调车计划离开镟轮线，交由车辆人员进行镟轮作业。

③ 在镟轮线取客车时，客车必须在库内对标停放，检修调度员应提前对镟轮线的客车进行检查，确保客车恢复至正常的状态，而后停车制动（在不能停车制动时，放置铁鞋防溜），并在电客车转轨计划单中注明。

④ 工程车进入镟轮线进行连挂客车工作前，调车员应对客车的状态进行检查，确认列车做好了防溜措施且无异物侵入限界，工程车连挂客车后，调车员撤除防溜措施即可指挥司机。

⑤ 工程车连挂客车进出镟轮线时，必须调至走行线进行换端，将客车调动至相应的股道后方可撤钩。

⑥ 车辆段调度员在取送客车作业过程中，需到现场监控司机作业，发现异常或设备故障时应立即制止动车，落实安全措施后再布置动车计划。

（9）在尽头线上调车

在尽头线上调车时，进入尽头线车挡前 25 m 内应限速 3 km/h。距线路终端应有 10 m 安全距离，遇特殊情况时调车员与司机应在接近 10 m 时加强联系，严格控制速度，做好随时停车准备。

（10）调车通过平交道口

调车车列在车辆段内通过平交道前，应一度停车瞭望平交道上是否有障碍物或行人，确认安全后方可继续通过平交道。

（11）调动无动力客车

调动无动力客车时应确认气制动和停车制动全部缓解，运行中保持车辆主风缸风压不低于 450 kPa。客车司机与调车员加强联系，共同确认车辆制动状态。

（12）越出场界调车

越出车辆段界线调车时，应得到行车调度员同意、正线相邻站承认后方可办理调度命令，司机凭书面调度命令越过出段信号机。无行车调度员命令时禁止越出场界调车。出、入车辆段线路坡度为 35% 的下坡道时，禁止进行越出场界调车。

2. 工程车调动有电有气的客车作业流程

（1）连挂前

按照计划，客车司机、工程车司机分别按照相关程序整备好列车。

（2）连挂

① 工程车按要求驾驶列车到客车 2 m 前一度停车。

② 调车员联系客车司机确认客车防溜措施已做好，并确认客车驾驶室"停车制动施加"灯和"气制动施加"灯亮。

③ 调车员确认工程车已关闭主风管折角塞门，得到客车司机的连挂允许后，指挥工程车司机限速 3 km/h 进行连挂。

④ 连挂后，调车员、客车司机共同确认车钩显示器显示正常，调车员指挥工程车司机进行试拉，并确认连接状态良好。

（3）调动

① 客车司机缓解停车制动，并确认所有防溜措施已撤除，通知调车员。

② 客车司机确认客车驾驶室"停车制动缓解"绿灯和"气制动缓解"绿灯亮，确认列车所有防溜措施撤除。

③ 客车司机留守在客车驾驶室，调车员指挥工程车进行推进或牵引运行（推进运行时调车员在运行前端的客车驾驶室；牵引运行时调车员在工程车上，协助瞭望）。

④ 按规定速度运行，把客车调至指定的股道。

（4）解钩

① 工程车把电客车调动到指定的股道和指定位置停稳。

② 客车司机施加停车制动，并通知调车员。

③ 调车员确认客车驾驶室"停车制动施加"灯和"气制动施加"灯亮，通知客车司机解钩。

④ 客车司机按"解钩"按钮或人工操作拉环解钩，并确认车钩显示器显示为解钩状态，通知调车员。

⑤ 调车员确认已解钩（车钩显示器显示为解钩状态），通知工程车离钩。

⑥ 工程车司机在离钩后确认车钩状态良好，并按计划调回指定股道。

3. 工程车调动无电有气、有电无气或无电无气的客车作业流程

（1）连挂前

① 按照计划，客车司机、工程车司机分别按规定程序整备客车、工程车。

② 客车司机将客车停车制动，保留连挂端车辆的气制动，确认设置了铁鞋防溜。

③ 客车司机把连挂端客车的 W03、W05 关闭，并确认连挂端自动车钩状态良好，等待工程车到来。

（2）连挂

① 工程车按要求驾驶列车到客车 2 m 前一度停车。

② 调车员联系客车司机确认客车防溜措施已做好，并确认客车轮对上的叠式闸瓦已施加（现场用手拉闸瓦拖把，紧固为施加），或确认铁鞋已设置。

③ 调车员确认工程车已关闭主风管折角塞门，得到客车司机的连挂允许后，指挥工程车司机限速 3 km/h 进行连挂。

④ 连挂后，调车员、客车司机共同确认车钩显示器显示正常，调车员指挥工程车司机进行试拉，并确认连挂状态良好。

（3）调动

① 客车司机手动缓解客车的所有停车制动，并确认所有防溜措施已撤除（设置铁鞋时通知调车员撤除铁鞋），通知调车员。

② 调车员确认列车所有防溜措施已撤除（现场确认每个轮对，用手拉闸瓦拖把，松动为缓解）。设置铁鞋时撤除铁鞋（检修股道，确认车辆人员已撤除）。

③ 客车司机留守在客车驾驶室，调车员指挥工程车进行推进或牵引运行（推进运行时调车员在运行前端的客车驾驶室；牵引运行时调车员在工程车上，协助瞭望）。

④ 按规定速度运行，把客车调至指定的股道。

（4）解钩

① 工程车把电客车调动到指定的股道和指定位置停稳。

② 调车员设置铁鞋防溜（检修股道，确认车辆人员设置），并通知客车司机和工程车司机。

③ 客车司机确认防溜措施已设置，通知调车员可以解钩。

④ 客车司机人工操作拉环解钩，并确认车钩显示器显示为解钩状态，通知调车员。

⑤ 调车员确认已解钩（车钩显示器显示为解钩状态），通知工程车离钩。

⑥ 工程车离钩后确认车钩状态良好，并按计划调回指定股道。

4. 机车进出库线作业流程

（1）车厂调度员应根据计划及时出清进出库线进路的机车车辆，并通知材料库的相关人员对材料库线进行检查（包括开启材料库线大门并加固，检查线路情况，及时清走侵限物品），确保具备行车条件。

（2）车辆进出材料库线在两个库门前均需要一度停车，调车员下车确认工程车库南端库门及材料库库门的开启及加固状态，并确认两库门之间的平交道口没有障碍物或行人通过，并站在两库门之间显示信号处指挥司机动车，以限速 3 km/h 的速度进出。

（3）调车员负责检查库内线路状态、货物及设备堆放状况，通知有关人员停止影响调车作业的工作和撤销防护标志。

（4）在材料库取送机车车辆时检查车辆装载货物的加固状态、车门及侧板是否关闭好、防溜措施实施情况等。

（5）车辆运行至材料库线距终端 10 m 处一度停车，按调车员显示的信号进行对位（限速 1 km/h），司机做好随时停车准备，保证停车位置与车挡有 3 m 以上的安全距离。

（6）需要停放在材料库线的机车车辆应做好防溜措施。

（7）当停放在材料库线的机车车辆造成库门无法正常关闭时，及时通知材料库派人看守，保证材料库内物资的安全。

任务评价

任务评价表

学习内容	项目三　车辆段行车组织		姓名	
	任务二　调车作业		学号	
	评价要素		分值	考核得分
（1）能讲述调车的概念、分类和任务			20	
（2）能根据调车作业计划，按作业标准完成调车工作			30	
（3）能与组员协作、高质量完成学习汇报			20	
（4）能专注听取同学的汇报			20	
（5）能虚心接受老师或同学的评价			10	
总体得分			100	
教师评语：				

复习思考

1．车辆段内有哪些主要设备？

2．车辆段的行车作业有哪些人员参与？

3．车辆段内主要有哪些行车作业？

4．列车出入车辆段作业需要几个工作岗位的人员相互配合？他们各自负责什么工作内容？

5．什么是调车？调车是怎样分类的？

6．调车领导人与调车指挥人的主要任务是什么？

7．调车工作中"统一领导"由谁领导？具体负责什么工作？调车工作中"单一指挥"由谁指挥？具体负责什么工作？

8．调车作业计划包括哪些内容？如何进行布置和传达？变更计划有何要求？

9．列车正向运行时，谁负责前方进路的确认？推进列车时，谁负责前方进路的确认？调车过程中，信号显示不明时怎么办？信号机发生故障时，如何进行调车作业？

项目四
正常情况下的列车行车组织

知识地图

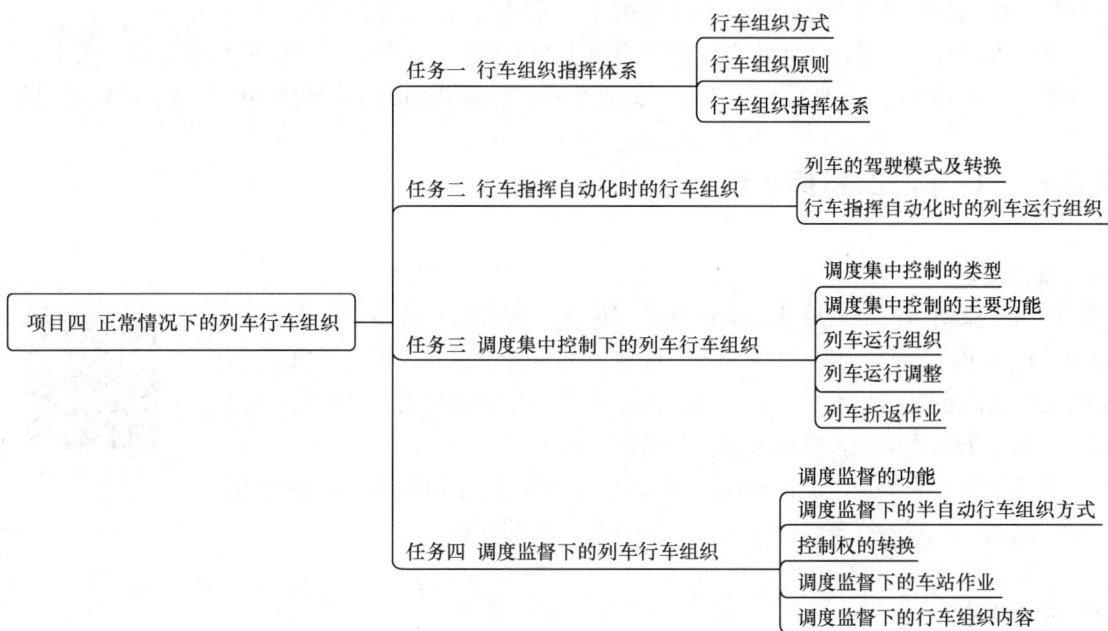

```
                                                    行车组织方式
                            任务一 行车组织指挥体系   行车组织原则
                                                    行车组织指挥体系

                                                    列车的驾驶模式及转换
                            任务二 行车指挥自动化时的行车组织
                                                    行车指挥自动化时的列车运行组织

                                                    调度集中控制的类型
                                                    调度集中控制的主要功能
项目四 正常情况下的列车行车组织  任务三 调度集中控制下的列车行车组织  列车运行组织
                                                    列车运行调整
                                                    列车折返作业

                                                    调度监督的功能
                                                    调度监督下的半自动行车组织方式
                            任务四 调度监督下的列车行车组织  控制权的转换
                                                    调度监督下的车站作业
                                                    调度监督下的行车组织内容
```

学习目标

知识目标

- 能正确说出城市轨道交通行车组织方式和行车组织原则。
- 熟悉不同列车运行组织方式下的行车组织方法。
- 能说出列车驾驶模式及各种驾驶模式的应用。
- 能理解驾驶模式之间的转换。
- 熟悉正常情况下的行车组织工作。

能力目标

- 能区分行车指挥自动化、调度集中控制、调度监督下的列车运行组织方法。
- 能准确判断各种驾驶模式的使用时机。
- 能结合案例分析行车指挥自动化时的行车组织。

■ 能结合案例分析调度集中控制下的行车组织。
■ 能结合案例分析调度监督下的行车组织。

项目导学

城市轨道交通的行车组织工作，是指由行车各部门采取各种技术手段，保证列车运行系统、客运服务系统、检修保障系统的专业设施、设备合理运转，从而实现安全、舒适、快速、准时、便利地运送乘客，以满足乘客出行的需要。城市轨道交通行车组织不同于干线铁路，它主要利用先进的通信信号设备组织列车自动进、出站，保证列车在车站及区间内运行的安全。

正常情况下的车站行车组织工作主要是各行车岗位根据行车指挥原则，分层级进行运营前的准备、运营中和运营后的行车组织工作，以保证各部门按照信号系统所提供的功能、运行条件、列车运行模式及运行图中的运行计划开行列车，并组织列车正常运行。

通过本项目的学习，读者可以了解城市轨道交通的行车组织方式和行车组织原则，明确调度集中控制下的行车组织，熟悉列车驾驶模式及各种驾驶模式的运用，掌握调度监督下的行车组织。

任务一　行车组织指挥体系

📖 任务要求

国庆长假期间，南京地铁新街口站商家促销，各类活动较多。市民以市内购物、短途出游为主，容易出现大客流现象，甚至会出现"井喷"现象。为尽量满足当天的市民出行需求，作为地铁工作人员，应该如何进行列车运行组织调整（从行车组织原则、各岗位职责等角度考虑）？

通过本任务的学习，能正确说出城市轨道交通的行车组织方式；能描述行车组织原则；能复述行车组织体系及主要行车人员的任务。

行车组织指挥体系

✏️ 任务实施

正常情况下城市轨道交通列车的一个运行周期为：列车根据列车运行图，按照规定时间从车辆段存车线出来进入正线并投入运营，一直到运营结束才退出服务回到车辆段进行整备，整备完毕后再次从车辆段出来进入正线并投入运营为止。可以说正常情况下列车的一个运行周期是24 h。在这一过程中，需要由行车调度员指挥，车辆段调度员、车辆段值班员、车站行车值班员、站台站务员、司机等人员共同完成。

一、行车组织方式

城市轨道交通具有运能大、运行间隔短、行车密度高、运营安全、受气候影响小等特点。根据信号设备所提供的运行条件，正常情况下的列车运行组织一般分为行车指挥自动化、调度集中控制及调度监督三种列车运行组织方式。

1. 行车指挥自动化

采用 ATC 系统的轨道交通线路，列车运行组织工作实行自动化控制。目前，大多数城市轨道交通系统都安装了 ATC 系统，许多早期建成轨道交通的城市也逐步采用了 ATC 系统。ATC 系统利用计算机技术对列车运行实行自动指挥和自动运行监护，由 ATP 系统、ATO 系统及 ATS 系统三个子系统组成。

2. 调度集中控制

采用调度集中控制设备的轨道交通线路，列车运行组织工作实行调度员集中控制。控制中心行车调度员通过 ATS 工作站进行集中控制，并监控列车到达、出发及途中的运行情况，确保列车运行秩序正常。

3. 调度监督

采用调度监督设备的轨道交通线路，列车运行组织工作实行调度员监督控制。在控制中心行车调度员的统一指挥下，车站行车值班员操作车站计算机联锁设备来控制列车运行。调度监督与调度集中控制的区别是它只能监督、间接控制，不能直接控制。

二、行车组织原则

城市轨道交通行车组织原则如下。

（1）在 ATC 系统正常情况下，客车以 ATO 模式驾驶，司机需要在客车出库或交接班时输入乘务组号。在有 ATS 计划运行图，客车进入正线运行时，自动接收目的地及车次的信息；在没有 ATS 计划运行图，客车在正线运行时，司机或行车调度员需要输入目的地码和车次信息。

（2）行车时间以北京时间为准，从 0 时起计算，实行 24 小时制。行车日期划分：以 0 时为界，0 时以前办理的行车手续，0 时以后仍视为有效。

（3）正常情况下，正线上的司机凭车载信号显示或行车调度员命令行车，按运营时刻表和 DTI 显示时分把握运行及停站时间。

（4）非正常情况下，司机应严格掌握进出站、过岔、线路限制等特殊运行速度。

（5）客车在运行中，司机应在前端驾驶；推进运行时，由副司机或引导员在前端驾驶室中引导和监控客车运行。

（6）在车辆段（场）范围内指挥列车在车辆段（场）调车的信号以地面信号和调车专用电台为主，以手信号旗/灯为辅。

（7）调度电话、车站无线电话用于联系行车工作，联系时必须使用标准用语。

（8）客车司机可以使用客车广播系统向乘客进行信息广播。出现信息广播故障时，可以使用人工广播；当人工广播也不能使用时，报告给行车调度员，并按行车调度员的指示处理。

（9）客车晚点处理。比运营时刻表上的时间单程每列晚点 3 min 以下为正点，3 min 及以上为晚点，排队晚点时则按排队的要求进行统计。行车调度员应根据客车晚点情况及时采取措施，以调整客车运行。

三、行车组织指挥体系

1. 行车组织指挥体系的含义

城市轨道交通系统是一个复杂、技术密集型的城市公共交通系统，具有各项作业环节紧密联系和各部门、各工种协同工作的特点。因此，城市轨道交通行车组织必须贯彻安全生产的方针，遵守高度集中、统一指挥、逐级负责的原则。在调度区段内应由该区段的行车调度员统一指挥，相关行车人员必须执行调度命令、服从指挥。一般的城市轨道交通行车组织指挥体系如图 4.1 所示。

城市轨道交通的运营指挥分为一级、二级两个指挥层次，二级指挥服从一级指挥。一级指挥为行车、电力和环控调度员，二级指挥为车站值班站长、信号楼值班员、设施维修调度员。原则上，各级指挥要根据各自的职责独立开展工作，并服从 OCC 值班主任的总体协调和指挥。

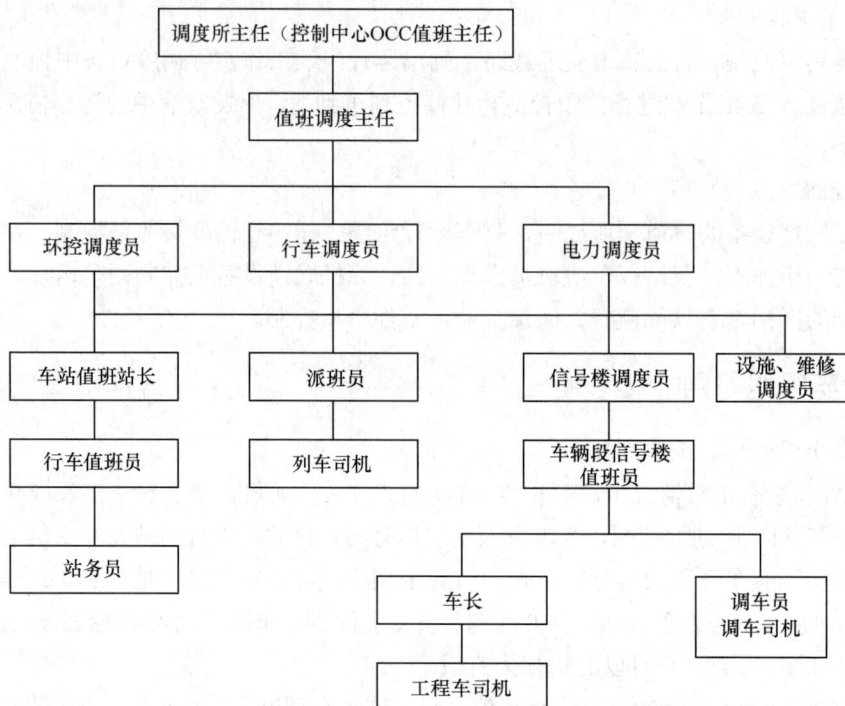

图 4.1　一般的城市轨道交通行车组织指挥体系结构框图

2．主要行车人员的任务

（1）行车调度员

行车调度员在运营前主要进行试验道岔、检查人员到岗和设备情况、装入运营时刻表等工作；运营期间主要利用各种调度设备，组织指挥列车按照列车运行图的计划安全、准点地运行。运营结束后行车调度员要对当天的行车工作进行分析、总结，主要是打印当日计划、实际运行图，编写运营情况报告，进行列车统计分析等工作。

负责城市轨道交通的日常行车组织、指挥工作，按照"运营时刻表"的要求组织行车，实现安全、准点和优质的运营服务；负责监督控制全线客流变化情况，调集人力、物力和备用车辆，疏导突发大客流；负责组织、实施正线、辅助线范围内的行车设备检修以及各种施工、工程车运输作业；负责组织、处理在运作过程中发生的各种故障、事件、事故；负责监督、协调供电系统的运作。

（2）列车司机

列车司机应严格遵守各种规章制度，正确执行各种作业程序，确保列车安全运行。严格按照"运营时刻表"行车。工作时严守岗位，不得擅自离岗。严格按照要求规范司机室麦克风的使用，避免大力拉扯麦克风支架。列车司机必须经考试合格，并取得司机驾驶证后，方可独立驾驶列车。列车司机必须严格执行有关安全规章制度，听从行车调度员的指挥，按照列车运营时刻表时刻安全正点地为乘客提供快捷舒适的优质服务。接班前做好行车预想，交班后做好运营总结。对于行车工作中发生的事故，必须及时如实汇报，便于有关人员进行调查。

（3）车站行车值班员

正常情况下城市轨道交通车站的行车组织作业主要包括首末的车的组织、运营期间的接发车等工作。开行首班车前，车站各岗位的工作人员要准时开门、开启照明和电动扶梯、试验道岔、巡视车站等。车站末班车发出前应在规定时间开始广播，通知停止售检票工作，确认付费区乘客均已上车，确认无异常情况后向司机发出发车信号。

（4）车辆段、停车场人员

① 车辆检修调度员。全面负责车辆的维修计划、故障抢修、事故处理、调试、改造作业的安排及组织实施，监视所有车辆技术状态，提供运行图所规定的列车数上线服务，并确保其状态良好、符合有关规定；负责车辆检修内务管理及协调、调配车辆部各中心的生产任务。

② 车辆基地信号楼调度员。统一指挥车辆基地内的行车组织工作，全面负责组织实施列车、机车车辆转轨、取送、检查作业等工作，组织实施调试作业、列车出入车辆基地等工作，科学合理地调配人员、机车车辆，安排车辆基地内行车设备、消防设备及库房等设备设施的检修维护。向行车调度员通报运用列车及司机的配备情况，负责与车辆检修调度员交接检修及运用列车，与出、退勤列车司机交接运营列车。协调车辆基地内部与外部的工作接口问题，组织相关部门及时处理设备故障。

③ 车辆基地信号楼值班员。信号楼计算机联锁设备控制室设置一名信号楼值班员，负责操作基地信号楼调度员的接发列车、调车作业的计算机设备，实现计算机联锁设备的用途及功能。

④ 派班统计员。负责安排列车司机的出/退勤作业，制定和组织实施列车司机的派班计划，遇突发事件时及时调整交路、调配好列车司机的派班。负责与车辆检修调度员交接检修及运用列车，与出/退勤列车司机交接运营列车，向行车调度员通报列车司机的配备情况。协助乘务中心主任管理列车司机的日常事务，落实各项管理制度和作业安全规定。

⑤ 调车员。基地调车作业进行时，负责机车车辆移动的现场指挥工作；调车员缺席时，由工程车司机（或副司机）担任。

⑥ 车长。工程车开行时，由两名司机担任：一名负责驾驶列车；另一名担任车长，负责指挥列车运行及检查监视车辆装载货物的安全，推进运行时负责引导瞭望。

任务评价

任务评价表

学习内容	项目四　正常情况下的列车行车组织		姓名	
	任务一　行车组织指挥体系		学号	
	评价要素		分值	考核得分
（1）能正确说出城市轨道交通的行车组织方式			10	
（2）能描述行车组织原则			10	
（3）能复述行车组织体系及主要行车人员的任务			30	
（4）能与组员协作、高质量完成学习汇报			20	
（5）能专注听取同学的汇报			20	
（6）能虚心接受老师或同学的评价			10	
总体得分			100	
教师评语：				

任务二　行车指挥自动化时的行车组织

📖　任务要求

某地铁 4 号线某日运行计划：6 点开始运营。作为行车调度员应如何安排？

学习行车指挥自动化时的行车组织后，能结合实际情况，判断各种驾驶模式在不同现场环境下的实际运用；能描述行车自动化时行车组织的过程；能独立判断系统自动控制与人工控制的时机。

✎　任务实施

行车指挥自动化设备是利用计算机控制调度集中设备，指挥列车运行的一种自动远程遥控设备。在行车指挥自动化时，移动闭塞为基本闭塞法，由 ATC 系统控制列车自动运行的全过程。

一、列车的驾驶模式及转换

1. 列车的驾驶模式

目前较先进的城市轨道交通列车驾驶模式主要有以下五种：ATO 模式（列车自动驾驶模式）、SM 模式（ATP 监督下的人工驾驶模式）、RM 模式（限制人工驾驶模式）、URM 模式（非限制人工驾驶模式）、AR 模式（列车自动折返模式）。运行过程中主要依据设备的状态和运营的需要来选择。

（1）ATO 模式

① 基本特征。ATO 模式是优先级最高的驾驶模式，通过 ATC 信号系统实现。该模式下两站间的列车自动运行，列车的运行不取决于司机。列车自动起动、加速，自动维持惰行、减速、停车，司机负责监督 ATP/ATO 指示、列车状况，以及所要通过的轨道、道岔、信号的状态，必要时加以干预。

② 基本运用。在正线正常运行时运用（包括折返线和试车线）。

（2）SM 模式

① 基本特征。SM 模式是次优先级的驾驶模式，正常情况下在培训时采用；或当 ATO 设备故障，但车载和轨旁的 ATP 设备良好时采用。在 SM 模式下，司机必须根据显示屏显示的推荐速度驾驶列车，当实际速度在推荐速度（$-1 \sim +4$ km/h）的范围内时，会有声音报警；当实际速度大于推荐速度 4 km/h 时，ATP 系统会紧急制动；司机要负责监督列车状况和所要通过的轨道、道岔、信号的状态。司机以 SM 模式驾驶时，要保持按下"警惕"按钮，否则会产生紧急制动，司机以 SM 模式驾驶列车进站，在停车窗内停车，ATP 系统给出门释放命令后，司机手动开门。

② 基本运用。ATO 模式发生故障时降级运行，运行时发现轨道上有障碍物、下雨时，列车在地面站行驶时运用。

（3）RM 模式

① 基本特征。RM 模式是优先级较低的驾驶模式。在该模式下，列车由司机驾驶，司机对列车运行安全负责，司机通过主控制器控制列车运行，运行过程中负责监督 ATP/ATO 指示显示、列车状况，以及所要通过的轨道、道岔、信号的状态，速度不能超过 25 km/h，ATP 系统只提供 25 km/h 内的超速防护。

② 基本运用。在车辆段内运用，或联锁、轨道电路、ATP 轨旁设备发生故障及列车紧急制动后运用。

（4）URM 模式

① 基本特征。URM 模式是故障级驾驶模式。在该模式下，列车运行的安全完全由调度员、车站值班员和司机人为保证，没有 ATP 系统的监控。司机必须使用特殊的钥匙开启才能进入该模式。

② 基本运用。车载 ATP 设备发生故障不能使用时运用。车辆部分设备检修和调试时运用。

（5）AR 模式

① 基本特征。AR 模式包括列车的自动换向和有折返轨的自动折返。其中有折返轨的自动折返又可分为人工折返和无人折返。

② 基本运用。在折返站和具有换向功能的轨道区段内运用。

各种驾驶模式的特性和运用见表 4.1。

表 4.1　　　　　　　　　　　　各种驾驶模式的特性和运用

模式	定义	基本特性	基本运用
ATO	列车自动驾驶模式	自动控制两站间的列车运行。司机负责监督 ATP 及 ATO 指示，列车运行状态，通过的轨道、道岔和信号的状态，必要时加以人工干预	地铁正线的正常运行时运用
SM	ATP 监督下的人工驾驶模式	列车由司机驾驶，列车的运行速度受 ATP 系统的监控。如果列车的极限速度超过了 ATP 系统的允许速度，则列车会紧急制动而停车。司机负责驾驶列车，监督 ATP 的显示	ATO 模式发生故障时（但车载和轨旁的 ATP 设备良好）降级运行
RM	限制人工驾驶模式	列车由司机驾驶，列车的运行速度不能超过 25 km/h，如果超过，则列车会紧急制动而停车。司机负责列车运行安全	列车在车辆段范围内运行（试车线例外），或联锁、轨道电路、ATP 轨旁设备发生故障及列车紧急制动后运行
URM	非限制人工驾驶模式	用 ATP 钥匙开启后才起作用，使用时必须经过批准和登记。列车运行由司机控制，没有限制速度监督	车载 ATP 设备发生故障或联锁发生故障后，采用降级的行车组织办法时运用
AR	列车自动折返模式	自动控制列车折返，司机可以不在列车上，即不加干预进行列车折返作业。司机负责确认自动折返前乘客已经下车，车门已经关闭，才按下位于站台端墙处的"自动折返"按钮	在设有自动折返功能的折返站计划采用的方式

2. 驾驶模式之间的转换

在所请求的驾驶模式指示有效的情况下，线路上任何位置的驾驶模式切换都可以发生，司机可以在不停车的情况下由 RM 模式切换至 SM 模式或由 SM 模式切换至 AM 模式，反之亦然。但为平稳地完成模式切换，还需要注意以下问题。

（1）当切换至 RM 模式时，列车速度应低于 RM 的限制速度（一般限速为 25 km/h）。

（2）当由 SM 模式切换至 ATO 模式时，牵引/制动手柄必须在惰行位置。

（3）从 SM 模式切换到 ATO 模式时，ATO 模式需要几秒的时间执行其 ATO 速度曲线。

（4）在列车驾驶模式中，ATO 模式、SM 模式、RM 模式、URM 模式的优先级依次降低，当进行降级转换时，驾驶模式可以越级切换；但进行升级转换时，不可越级切换。

如果上述条件满足，在正常的载客运行时，司机可以按照调度命令切换驾驶模式。驾驶模式的切换操作由司机完成。各种驾驶模式间的转换说明见表 4.2。

表 4.2　　　　　　　　　　　　　各种驾驶模式间的转换说明

原驾驶模式	转换后的驾驶模式			
	ATO 模式	SM 模式	RM 模式	URM 模式
ATO 模式	—	无论列车是处于运行状态还是停车状态，司机都可使列车立刻处于该模式	正线需停车后由人工转换；但在出入段/场线转换轨上，当速度低于 25 km/h 时，可不停车转换	驾驶员确认列车停车后，使用 ATC 切除开关切除 ATC
SM 模式	列车处于运行（满足一定条件下）或停车状态时，司机均可使列车处于该模式	—	正线需停车后由人工转换；但在出入段/场线转换轨上，当速度低于 25 km/h 时，可不停车转换	驾驶员确认列车停车后，使用 ATC 切除开关切除 ATC
RM 模式	—	列车获得定位并接收到正确的移动授权后，自动转换为该模式	—	驾驶员确认列车停车后，使用 ATC 切除开关切除 ATC
URM 模式	—	—	车载 ATP 设备可用时，列车停车后，驾驶员将 ATC 切除开关恢复至 ATC 正常位	—

二、行车指挥自动化时的列车运行组织

行车指挥自动化子系统的主要功能有：由基本列车运行图或计划列车运行图生成使用列车运行图；自动或人工控制管辖范围内各车站的发车表示器、道岔以及排列列车进路；跟踪正线列车运行，显示各车站发车表示器开闭、进路占有和列车车次、列车运行状态等；自动或人工进行列车运行调整；自动绘制实际列车运行图并生成运营统计报告。

1. 控制中心 ATS

行车指挥自动化子系统 ATS 中包括控制中心 ATS 设备、车站 ATS 设备和车载 ATS 设备三部分。控制中心 ATS 是一个实时控制系统，由调度控制和数据传输电子计算机、工作站、显示盘和绘图仪等构成，电子计算机按双机备份配置；车站 ATS 由列车与地面间数据传输设备和电气集中联锁或微机联锁设备等构成；车载 ATS 由列车与地面间数据传输设备等构成。

2. 正线运行前组织

在行车指挥自动化情况下，控制中心 ATS 设备自动"装入"当日使用的运行图，自动指挥列车运行。控制中心 ATS 通常储存了数个基本运行图，经过加开或停运列车等修改后的基本列车运行图称为计划列车运行图。由基本运行图或计划列车运行图生成的当日列车运行计划图就是使用列车运行图。使用列车运行图的产生过程如图 4.2 所示。

3. 列车出段

原则上，列车应经由出段线和入段线出入车辆段（场），但在图定或行车调度员允许的情况下不受上述规定限制。出、入段线视为区间，属于行车调度员管辖范围，列车出入车辆段（场）凭防护信号机的显示信号。

因车辆段（场）没有安装轨旁 ATP 设备，且联锁设备为计算机联锁，与 ATP 设备没有接口关系，列车在车辆段（场）范围内只能采用 RM 模式运行，车载 ATP 提供 25 km/h 内的超速防护。

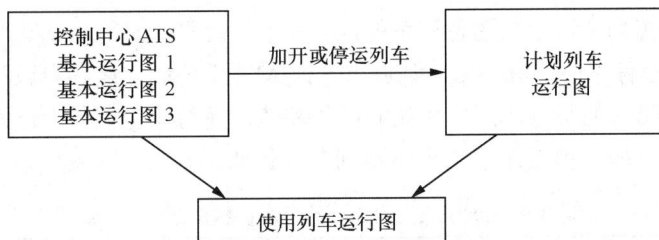

图 4.2　使用列车运行图的产生过程

列车出段的程序如下。

（1）在列车整备完毕，列车状态符合正线服务后，报告车场值班员列车整备完毕。

（2）确认车场信号开放，按该列车出场时刻以 RM 模式驾驶列车出库，整列车离开库门前的限速为 5 km/h。库大门前、平交道口应一度停车，确认线路状况良好后动车。

（3）列车运行到转换轨处一度停车，待显示屏收到速度码、ATO 灯亮后，司机确认进路防护信号开放后，以 ATO/SM 模式运行至车站。

4. 列车正线运行

列车进入正线后，行车调度员通过综合显示屏或工作站显示器，准确掌握线路上列车的运行和分布情况、区间和站内线路占用的情况、发车表示器的显示状态和道岔开通位置等。

在行车指挥自动化时，列车占用区间的行车凭证为列车收到的速度码，凭发车表示器显示的稳定允许灯光发车；若发车表示器发生故障无显示，则凭行车调度员的命令发车。追踪运行列车间的安全间隔由 ATP 系统自动实现。

列车在正线运行时，通常采用 ATO 模式、SM 模式、RM 模式、URM 模式和 AR 模式。其中，ATO 模式、SM 模式为正常运营模式，而 RM 模式、URM 模式、AR 模式为非正常运营模式。

5. 列车正线运行调整

ATS 系统的列车运行调整有自动列车运行调整和人工列车运行调整两种。根据 ATS 自动控制功能实现的程度，人工调整可设置几种模式，例如：在系统没有自动控制功能的情况下进行的人工调整，称为全人工调整；在系统具有自动排列进路功能，以及具有对列车时刻表和车次号进行管理功能的情况下进行的人工调整，称为人工调度模式等。

（1）自动列车运行调整

在执行自动列车运行调整功能时，ATS 系统根据使用列车运行图对早、晚点时间在一定范围内的图定列车自动进行列车运行调整。

自动列车运行调整通过控制列车的停站时间和列车的运行等级来实现。列车运行等级的自动降低或升高可实现对列车运行速度的自动控制。列车运行等级的设置见表 4.3。

表 4.3　　　　　　　　　　　　　　　　　　**列车运行等级的设置**

运行等级	定义	备注
1	ATS 限速等于 ATP 限速，列车在 ATS 限速的 ±2 km/h 范围内调速	用于时刻表及运行间隔的调整
2	ATS 限速等于 ATP 限速，经过惰行标志线圈后，在列车速度高于 30 km/h 时，惰行进站停车；在列车速度低于 30 km/h 时，提速至 30 km/h 运行	
3	除 ATP 限速为 20 km/h 和 30 km/h 外，还有 ATS 限速等于 75% 的 ATP 限速。例如，在 ATP 限速 64 km/h 时，ATS 限速为 48 km/h	
4	ATS 限速等于 65% 的 ATP 限速	

针对列车运行偏离列车运行图的各种可能，ATS 系统设置了太早、很早、早点、太晚、很晚、晚点，以及最大、最小停站时间等参数。某城市地铁 ATS 系统的上述各参数的现行取值见表 4.4。系统计算列车实际到站时间与列车图定到站时间的差值，并将此差值与上述六种参数（除最大、最小停站时间）进行比较，根据比较结果确定列车运行调整方法。

表 4.4　　　　　　　　　　　某城市地铁 ATS 系统的上述各参数的现行取值

参数	取值/s	参数	取值/s
太早	90	太晚	90
很早	60	很晚	60
早点	10	晚点	10
最大停站时间	60	最小停站时间	20

在早于太早和晚于太晚时，系统不能自动进行列车运行调整。

在早点与晚点之间时，系统不进行列车运行调整。

在太早与很早之间时，列车降低一个运行等级，调整列车停站时间。

在很早与早点之间时，列车运行等级不变，调整列车停站时间，停站时间改为图定停站时间加上早点时间，但调整后的列车停站时间不大于列车最大停站时间。

在晚点与很晚之间时，列车运行等级不变，调整列车停站时间，停站时间改为图定停站时间减去晚点时间，但调整后的列车停站时间不小于列车最小停站时间。

在很晚与太晚之间时，列车提高一个运行等级，调整列车停站时间。

（2）人工列车运行调整

列车早点早于太早、晚点晚于太晚或列车运行秩序较紊乱时，控制中心 ATS 可执行人工功能，由行车调度员进行人工列车运行调整。

在列车早点早于太早和晚点晚于太晚时，可在不退出自动功能的情况下执行人工功能以进行列车运行调整。此时，人工功能优先于自动功能，但执行人工功能时设定的列车停站时间和列车运行等级仅对经过指定车站的指定列车一次有效。当指定列车经过指定车站后，系统将自动恢复对经过该站的后续列车进行的自动列车运行调整。

在列车运行秩序较紊乱时，应退出自动功能，进行人工列车运行调整；待列车运行基本恢复正常后，再使用列车运行调整的自动功能。人工列车运行调整的主要方法有以下几种。

① 列车跳站停车。

列车跳站停车分为列车载客跳站停车和列车空驶跳站停车两种。列车载客跳站停车应严格处理，客流量较大的车站原则上不应组织列车跳停通过，仅在因车辆或其他设备发生故障、事故，车站因乘客滞留而造成拥挤等原因引起列车运行秩序紊乱，以及特殊需要时，方可允许列车载客跳停通过。安排列车跳站停车应考虑越站乘客是否能乘坐返回的列车，末班车不办理列车载客跳停通过。为缓解客流压力或因列车晚点影响后续列车运行，允许首发列车空驶跳停，但不宜有连续两列空驶列车跳停。组织列车跳站停车时，行车调度员要有预见性和计划性，提前下达命令。司机和车站相关人员应对乘客做好宣传解释工作；车站应维持秩序，组织好乘客乘降，保证乘客安全。

列车跳站停车的设置可由行车调度员在工作站上进行，也可由行车调度员命令司机在当次列车上进行。前者称为中央设置，后者称为列车设置。

中央设置对允许跳停车站有所限制，并且不能设置一列车在两个车站连续跳停。列车设置对允许跳停车站没有限制，并且具有连续设置跳停功能。

在行车组织时，为保证一定的服务水平和行车安全，有以下规定：一般情况下不采取列车跳站停车措施；图定首、末班客运列车不办理列车跳站停车；同一车站不允许有连续两列车跳停通过；除特殊情形外，客流量较大的车站不准列车跳停通过。

② 扣车。

当一条线路的列车由于车辆及其他设备发生故障或某种原因不能正常运行，造成换乘站站台上乘客拥挤时，行车调度员应采取扣车措施，即将另一条线路的上、下行列车扣在换乘站附近的各个车站，以缓解换乘站的压力。扣车时间一般应控制在 10 min 内，如果堵塞线路的列车在短时间内不能恢复正常运行，可组织扣下的列车在换乘站通过。同时，行车调度员应发布畅通线路各站停售跨线票的命令。

行车调度员实施扣车应在列车到达指定站台停稳后，在发车表示器闪光前完成。当多列车分别在各站进行扣车时，行车调度员应及时命令司机在指定车站扣车。扣车后，若要终止列车停站，行车调度员应进行催发车工作。

③ 设置列车运行等级。

除系统自动调整列车运行等级外，行车调度员还可人工设置列车运行等级，即由初始设定的运行等级改设为其他运行等级。列车运行等级的设置可由行车调度员在工作站上进行，也可由行车调度员命令司机在当次列车上进行。行车调度设置只对指定列车一次有效。

6. 列车折返作业

列车折返作业主要是到达司机与折返司机进行交接，并组织列车进行折返，分为有司机监视的自动折返和无司机监视的自动折返（列车自动折返）两种方式。

（1）有司机监视的自动折返。有司机监视的自动折返过程分为 5 个步骤，如图 4.3 所示。

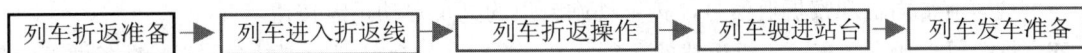

列车折返准备 → 列车进入折返线 → 列车折返操作 → 列车驶进站台 → 列车发车准备

图 4.3　有司机监视的自动折返过程步骤

① 列车折返准备。

a. ATS 系统确认列车车次，排列列车进入折返线的进路。

b. 换班的司机进入列车尾部驾驶室。

c. 当班的司机观察列车清客情况，关闭车门。

d. 车站值班员协助司机检查清客和关闭车门情况。

② 列车进入折返线。

a. 当班司机检查列车显示，并按下 "ATO" 按钮。

b. 司机观察列车进入折返线的情况，若有异常则采取紧急措施。

c. 车站值班员通过系统显示器监视列车的运行。

d. 控制中心从车站获取折返列车状态资料，以便与运行计划进行核对。

③ 列车折返操作。

a. 当班司机关闭前端驾驶室。

b. 换班司机起动尾部驾驶室。

c. 改变列车目的地指示。

d. ATS 系统在适当的时机排列并开放进入另一侧的进路。

④ 列车驶进站台。

a. 列车司机检查列车显示，并按下"ATO"按钮。

b. 司机观察列车驶出折返线的情况，若有异常则采取紧急措施。

c. 车站值班员通过 CCTV 系统显示器监视列车的运行。

d. 中央 ATS 系统从车站获取列车车次和到达时间参数，以便与运行计划进行核对。

⑤ 列车发车准备。

a. 车载 ATO 模式自动打开车门让乘客上车。

b. ATS 系统改变列车车次信息。

c. 司机监视列车显示，若有异常则通过无线设备与控制中心联系。

d. 车站值班员通过 CCTV 系统显示器监视乘客的上车情况。

（2）列车自动折返。列车自动折返的主要步骤如图 4.4 所示。

| 列车折返准备 | ➡ | 列车折返 | ➡ | 列车发车准备 |

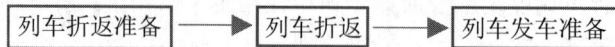

图 4.4　列车自动折返的主要步骤

① 列车折返准备。

a. ATS 确认列车车次，排列列车进入折返线的进路。

b. 换班的司机进入列车尾部的驾驶室，更换列车尾部目的地标志并退出尾部驾驶室。

c. 当班的司机更换列车前端目的地标志，观察列车清客情况。

d. 当班的司机关闭车门、关停前端驾驶室，然后离开前端驾驶室来到站台。

e. 车站值班员协助司机检查清客和关闭车门的情况。

② 列车折返。

a. 列车前端司机观察折返信号，按下动站台上的列车自动折返按钮。

b. 前端司机观察列车进入折返线的运行状态，然后从站台前端走到站台尾端，准备做下一列折返列车的换班司机。

c. 车站值班员和中心行车调度员通过 CCTV 系统显示器监视列车的折返状态。

d. 列车进入折返线后在折返线内自动停车。

e. 车站联锁系统自动排列列车出折返线的进路。

f. 列车两端驾驶室自动切换。

g. 中央 ATS 系统在适当的时机开放列车进入发车站台的进路，并将起动命令传递给列车。

h. 接到命令的列车自动起动并行驶到车站发车站台停车。

③ 列车发车准备。

a. 列车在停稳后自动打开车门。

b. 中央 ATS 系统确认列车车组号码并向列车传递车次信息和目的地号码。

c. 等候在站台端部的列车司机打开前端驾驶室门进入驾驶室。

d. 司机起动前端驾驶室中的设备，确认设备运转正常，若有问题则通过无线设备及时向控制中心报告。

e. 车站值班员通过 CCTV 系统显示器监视列车出站情况。

任务评价

任务评价表

学习内容	项目四　正常情况下的列车行车组织		姓名	
	任务二　行车指挥自动化时的行车组织		学号	
	评价要素		分值	考核得分
（1）能结合实际情况，判断各种驾驶模式在不同现场环境下的实际运用			20	
（2）能描述行车自动化时行车组织的过程			20	
（3）能独立判断系统自动控制与人工控制的时机			10	
（4）能与组员协作、高质量完成学习汇报			20	
（5）能专注听取同学的汇报			20	
（6）能虚心接受老师或同学的评价			10	
总体得分			100	
教师评语：				

任务三　调度集中控制下的列车行车组织

任务要求

某地铁 4 号线某日 6:56，运营列车 211208 次运行至终点站龙江站后，司机向行车调度员报告：乘客下车完毕，请求折返。行车调度员应如何安排？

通过本任务的学习，能描述调度集中控制下的列车行车组织过程；能说出列车运行调整的主要方法。

调度集中控制下的
列车行车组织

任务实施

调度集中设备是指挥列车运行的一种远程遥控设备。在调度集中时，自动闭塞为基本闭塞法。调度集中控制系统由调度集中总机、进路控制终端、显示盘与显示器、描绘仪、打印机和电气集中联锁设备等构成。

一、调度集中控制的类型

调度集中控制是指调度集中和行车指挥自动化两种情况。

在调度集中情况下，由行车调度员通过进路控制终端来控制管辖线路上的信号机、道岔，直接排列列车进路，办理列车接发作业。

在行车指挥自动化情况下，中央 ATS 系统能根据当前使用列车运行图及列车运行实际情况，自动办理与实时控制车站上的列车接发作业，即自动完成与接发列车有关的列车进路排列和发车表示器显示控制。

因此，在上述两种情况下，车站的接发列车作业实际上由行车调度员集中办理或中央 ATS 系统自动完成。车站行车值班员通过行车控制台监视列车进路排列、信号显示和列车到发、通过情况以及列车运行状态等。

二、调度集中控制的主要功能

（1）具备远程控制功能，能控制管辖范围内各车站的信号机、道岔并排列列车进路。

（2）可通过控制屏或显示器监视全线列车的运行状态，显示各车站信号机开闭、进路占用、列车车次及列车运行状态等信息。

（3）自动绘制实际列车运行图。

三、列车运行组织

列车在正线上运行时，由行车调度员人工排列列车进路，指挥列车运行以及进行列车运行调整。行车调度员通过进路控制终端键盘输入各种控制命令，控制管辖线路上的信号机、道岔并排列列车进路；通过显示盘与显示器准确掌握线路上列车的运行和分布情况、区间和站内线路的占用情况以及信号机的显示状态和道岔的开通位置等。

四、列车运行调整

在控制中心行车调度员的统一指挥下，利用行车设备对列车的到、发及折返作业进行人工控制和调整。

为实现按图行车，行车调度员要努力组织列车正点运行，而组织列车正点始发是列车正点运行的基础。对始发列车，行车调度员应对列车出段、列车折返交路和客流情况等各方面进行具体掌握和组织，以确保列车能正点始发。

在始发站列车正点始发的情况下，由于途中运缓、作业延误或设备故障等，因此难免出现列车运行晚点的情况。此时，行车调度员应根据列车运行的实际情况，按照恢复正点和行车安全兼顾的原则，根据规定的列车运行等级进行运行调整，尽可能在最短时间内使晚点列车恢复正点运行。

列车运行调整的主要方法有以下几种。

（1）始发站提前或推迟发出列车。

（2）根据车辆的技术状态、司机驾驶水平和线路允许速度，组织列车加速运行。

（3）组织车站快速作业，压缩列车停站时间。

（4）组织列车跳站停车。

（5）变更列车运行交路，组织列车在具备条件的中间站折返。

（6）组织列车反方向运行。在双线线路上，若一个方向的列车密度较大，而另一个方向的列车密度较小，为恢复正点运行，可利用有道岔车站的渡线将列车转到列车密度较小的线路上反方向运行。

（7）扣车。

（8）调整列车运行时间间隔。当换乘站因客流骤增而造成作业困难时，行车调度员可根据列车的运行情况，适当调整列车运行时间间隔，尽量避免各线列车同时到达换乘站。

（9）在环形线情况下，当一条线路运行秩序紊乱时，要尽力维持另一条线路列车的正常运行，并通知各站组织乘客乘坐畅通线路方向的列车。

（10）停运列车。

行车调度员对列车运行调整方法的选择，取决于列车的运行具体情况。而在实际工作中，往往是几种列车运行调整方法结合运用。

五、列车折返作业

（1）行车调度员。列车折返的调车进路由行车调度员人工排列或控制中心 ATS 自动排列。在车站有数条折返线或渡线，即有不同的折返调车进路情况下，应使用列车折返作业办法中规定优先采用的列车折返模式，明确列车折返优先经由的折返线或渡线。在办理列车折返作业时，若折返列车尚未起动，则需临时变更列车折返模式，可在通知折返列车司机后，变更列车折返调车进路。

在人工排列列车折返进路时，折返列车凭调车信号显示进入折返线或到达折返停车位置。在自动排列列车折返进路时，折返列车凭发车表示器的稳定白灯显示进入折返线或到达折返停车位置。列车停妥后，司机应立即办理列车换向作业，然后凭道岔防护信号机的允许信号，越过显示进入车站的出发正线。

在列车人工驾驶时，列车进出折返线的速度根据有关规定由司机人工控制；在列车自动驾驶时，列车进出折返线的速度按接收到的速度码自动控制。

（2）司机（以站后无人折返为例）。折返时的作业主要是到达司机与折返司机进行交接，并组织列车进行折返。列车在折返站进行折返时，有人工折返和自动折返两种方式。

运营列车结束服务到达终点站停车标处，显示屏中会出现折返图标，AR 黄灯亮；列车停稳后左侧车门打开，按下"AR"按钮，确认显示屏上的折返图标由蓝色变为黄色，AR 黄灯灭。与折返司机交接完毕，根据站务人员的清客完毕手信号及进路防护信号机的开放信号，关闭列车车门；进入驾驶室，本务司机取下主控钥匙，锁好驾驶室侧门；本务司机锁闭驾驶室侧门，行至头端墙处，按下自动折返按钮"DTRO"，列车自动起动进入折返线，并自动折返到对面站台，完成无人折返作业。

📄 任务评价

任务评价表

学习内容	项目四　正常情况下的列车行车组织		姓名	
	任务三　调度集中控制下的列车行车组织		学号	
评价要素			分值	考核得分
（1）能描述调度集中控制下的列车行车组织过程			30	
（2）能说出列车运行调整的主要方法			20	
（3）能与组员协作、高质量完成学习汇报			20	
（4）能专注听取同学的汇报			20	
（5）能虚心接受老师或同学的评价			10	
总体得分			100	
教师评语：				

任务四　调度监督下的列车行车组织

📖　任务要求

某地铁 4 号线某日 10:30，4 号线地铁控制中心 ATS 发生故障，此时上、下行正线各有 6 列列车在运行，作为行车调度员应如何安排？

通过本任务的学习，能判断转换控制权的时机；能描述调度监督下车站作业流程。

调度监督下的列车
行车组织

✏️　任务实施

调度监督设备是一种行车调度员能监督现场设备和列车运行状态，但不能直接进行控制的远程监控设备，由控制中心的行车调度员监督设备、显示盘、闭塞设备、车站终端和数据传输设备以及联锁设备等组成。调度监督与调度集中的区别是行车调度员只能监督、间接控制，而不能直接控制。

一、调度监督的功能

城市轨道交通使用调度监督的主要时机是：ATS 系统发生故障或者新线信号系统尚未调试完成，此时的行车方式是在调度监督下的半自动控制方式。

调度监督的主要功能有以下两种。

（1）能实时显示车站信号机和道岔的状态、进路占用情况、列车车次和列车运行状态等。

（2）存储和打印列车运行时刻表和出站信号机开放时刻表等运行资料。

二、调度监督下的半自动行车组织方式

为实现调度监督，除控制中心的显示盘等设备外，还需要在车站安装出站信号机等临时性的联锁设备，在控制中心行车调度员的统一指挥下，由车站行车值班员操作车站控制室内的计算机联锁设备或电气联锁设备、临时信号设备，控制列车的运行。车站控制室如图 4.5 所示。

图 4.5　车站控制室

调度监督下的半自动控制可实现以下功能。

（1）利用车站信号控制系统具有的联锁功能，车站行车值班员可对进路排列、道岔转换、信

号开放实施人工操作。

（2）控制中心的显示盘可实时显示进路占用、信号机及道岔等的工作状态，对线路上的列车运行进行监护。

（3）控制中心可储存信号开放时刻、道岔动作、列车运行等各类运行资料，并可根据需要调用。

（4）车站可根据中央指令对列车运行进行调整。

（5）计算机自动绘制或人工绘制列车实际运行图。

三、控制权的转换

正常情况下，控制权在控制中心、行车控制台处于"遥控"状态，进路的办理/取消、信号机的开放/关闭由行车调度员依据运行图或临时运行计划操作完成，车站行车值班员只能查看设备运行状态，无法进行上述操作。

当控制中心发生设备故障或出现无法由控制中心进行远程控制的情况时，需要车站行车值班员依据列车运行图或行车调度员下达的运行计划办理或取消进路，开闭信号。车站行车值班员要对行车控制台进行控制，必须进行车站控制权的转换操作，首先需要将控制权降级转换为车站控制，然后才能进行控制操作。

1. 控制权的下放

发生以下事件时，需要把控制权下放到车站：

① 调度集中设备对所控制的道岔或信号不能控制时；

② 调度集中设备表示盘失去复示作用或不能正确复示时；

③ 停止使用超速防护自动闭塞法时；

④ 整修设备时；

⑤ 清扫道岔时；

⑥ 在行车及调车作业时发生了必须现场办理的事件时。

车站接收控制权的作业程序如下：

① 接收调度命令；

② 核对列车运行计划；

③ 确认列车车次、车号及运行位置；

④ 检查控制台的显示状态；

⑤ 确认"站控"按钮在非使用状态；

⑥ 适时破封按下"站控"按钮，接收控制权。

下放控制权进行降级操作时，必须注意以下事项：

① 必须接收行车调度员的书面命令；

② 检查控制台时，主要检查扣车、自动、自动折返等未加铅封且为非自复式的按钮；

③ 由进路车站接收控制权时，应在确认进路已解锁、进路未排列或已排列完成（白光带建立且信号开放）后，方可按下"站控"按钮接收控制权；

④ 控制权在车站时，各车站之间要相互通报列车车次及到发时刻，并填写"行车日志"；

⑤ 某一车站控制权单独下放时，车站应填写"行车日志"，但可以不与邻站通报；

⑥ 设备集中站控制权下放时，集中站与所辖非集中站间要相互通报列车车次及到发时刻，并填写"行车日志"。

2. 控制权的上交

当控制中心的设备恢复正常或必须由车站及现场进行办理的相关作业已办理完毕，控制中心具备行车组织能力时，控制权将上交回控制中心。

上交控制权的作业程序如下。

① 接收调度命令。

② 核对列车运行计划。

③ 确认列车车次、车号及运行位置。

④ 检查控制台显示状态。

⑤ 确认除"站控"按钮外的其他按钮都在非使用状态。

⑥ 适时抬起"站控"按钮，上交控制权。

⑦ 通知信号人员加封（使用单元控制台的车站必须办理此项作业）。

上交控制权时，必须注意以下事项。

① 必须接收行车调度员的书面命令。

② 检查控制台时，主要检查扣车、自动、自动折返、引导、站间闭塞、总人解、道岔单锁等按钮的使用状态。

③ 由进路车站上交控制权时，应在确认进路已解锁、进路未排列或已排列完成（白光带建立且信号开放）后，方可抬起"站控"按钮上交控制权。

四、调度监督下的车站作业

因为在调度监督下调度监督设备只起到监督作用，不具备行车调度员直接控制功能，所以调度员放权，由车站值班员运用车站联锁设备办理接发列车。车站值班员办理接发列车作业必须按照规定的程序和要求进行。车站接发列车作业流程如图4.6所示。

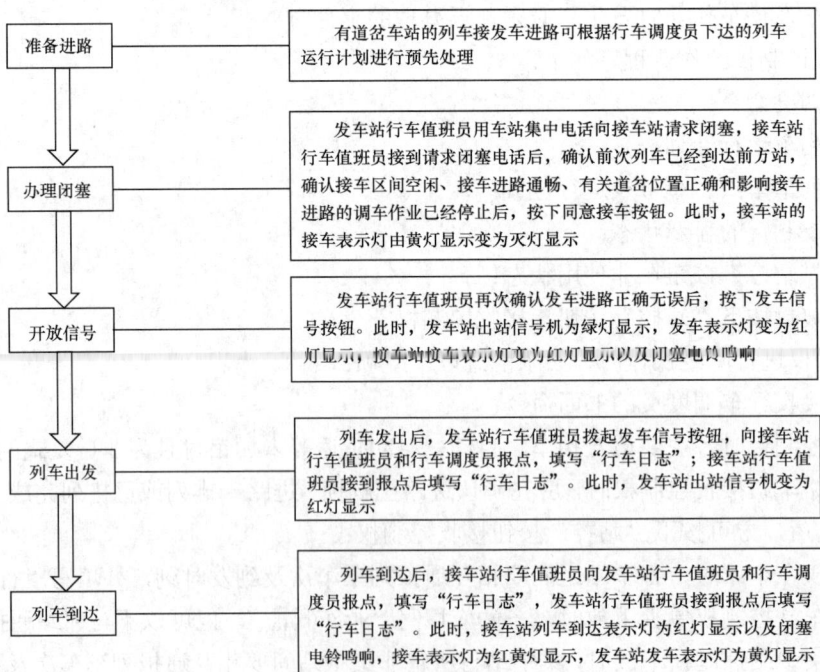

准备进路	有道岔车站的列车接发车进路可根据行车调度员下达的列车运行计划进行预先处理
办理闭塞	发车站行车值班员用车站集中电话向接车站请求闭塞，接车站行车值班员接到请求闭塞电话后，确认前次列车已经到达前方站，确认接车区间空闲、接车进路通畅、有关道岔位置正确和影响接车进路的调车作业已经停止后，按下同意接车按钮。此时，接车站的接车表示灯由黄灯显示变为灭灯显示
开放信号	发车站行车值班员再次确认发车进路正确无误后，按下发车信号按钮。此时，发车站出站信号机为绿灯显示，发车表示灯变为红灯显示，接车站接车表示灯变为红灯显示以及闭塞电铃鸣响
列车出发	列车发出后，发车站行车值班员拨起发车信号按钮，向接车站行车值班员和行车调度员报点，填写"行车日志"；接车站行车值班员接到报点后填写"行车日志"。此时，发车站出站信号机变为红灯显示
列车到达	列车到达后，接车站行车值班员向发车站行车值班员和行车调度员报点，填写"行车日志"，发车站行车值班员接到报点后填写"行车日志"。此时，接车站列车到达表示灯为红灯显示以及闭塞电铃鸣响，接车表示灯为红黄灯显示，发车站发车表示灯为黄灯显示

图 4.6　车站接发车作业流程

五、调度监督下的行车组织内容

在调度监督时，基本闭塞法通常采用双区间闭塞，即列车间隔按照两个区间内只准有一列列车占用规则进行控制，由车站行车值班员排列列车进路、开闭出站信号。行车调度员通过显示盘监督线路上各车站信号及开闭显示，监督区间闭塞情况和列车运行状态，组织指挥列车运行，并按照规定收记列车到发时刻及绘制列车实际运行图。

在调度监督情况下，双区间闭塞法行车时，列车占用区间的凭证为出站信号机的绿灯显示，凭助理行车值班员的手信号发车。追踪运行列车间的安全间隔按双区间要求，由双区间闭塞设备实现。在按双区间闭塞法行车时，列车正线运行限速 60 km/h。列车接近车站时，司机应加强对接近车站的瞭望，控制进站速度，遇险情立即制动停车。列车进入通过式车站时限速 40 km/h，列车进入尽头式车站时限速 30 km/h。

在列车晚点或列车运行秩序紊乱时，行车调度员应及时进行列车运行调整，尽快恢复按图行车秩序，采用的列车运行调整方法与调度集中控制时的方法相同。但应注意，在调度监督控制时，一般不安排载客列车跳站停车，若因特殊情况需要跳站停车，应经公司主管领导同意，由行车调度员发布调度命令执行。在调度监督过程中，若发现车站行车值班员或列车司机有违章作业情况，行车调度员应及时下令纠正，确保行车安全。

在城市轨道交通企业行车指挥自动化情况下，基本闭塞设备发生故障、车站联锁设备发生故障、列车反方向运行（反方向运行区段有 ATP 速度码除外）、开行施工列车和轨道车时，均应停止使用基本闭塞法，改用电话闭塞法行车，这些均属于调度监督的范畴。

任务评价

任务评价表

学习内容	项目四　正常情况下的列车行车组织		姓名	
	任务四　调度监督下的列车行车组织		学号	
	评价要素		分值	考核得分
（1）能判断控制权转换的时机			20	
（2）能描述调度监督下的车站作业流程			30	
（3）能与组员协作、高质量完成学习汇报			20	
（4）能专注听取同学的汇报			20	
（5）能虚心接受老师或同学的评价			10	
总体得分			100	
教师评语：				

复习思考

1．简述城市轨道交通行车组织原则。

2．简述城市轨道交通行车组织方式。

3．行车指挥自动化系统有哪些功能？

4．一级指挥的工作地点在哪里？二级指挥的工作地点在哪里？为什么二级指挥要服从一级指挥的命令？

5．在行车指挥自动化下如何组织行车工作？

6．为什么有了 ATS 系统，车站在正常情况下就不用办理接发车作业？

7．ATP 监督下的人工驾驶模式在什么情况下启用？在这种模式下谁为行车安全负责？

8．限制人工驾驶模式在什么情况下启用？在这种模式下谁为行车安全负责？

9．在调度集中控制行车组织方式中，行车调度员主要负责什么工作？

10．调度集中情况下如何组织列车运行？

11．在调度集中控制下，列车运行调整的方法主要有哪些？

12．接收和上交控制权的作业程序分别是什么？

13．出现哪些情况时，需要把控制权下放到车站？

14．调度监督时如何组织列车运行？

15．如何区分行车指挥自动化、调度集中控制、调度监督状态下的列车运行组织？

项目五
非正常情况下的列车行车组织

知识地图

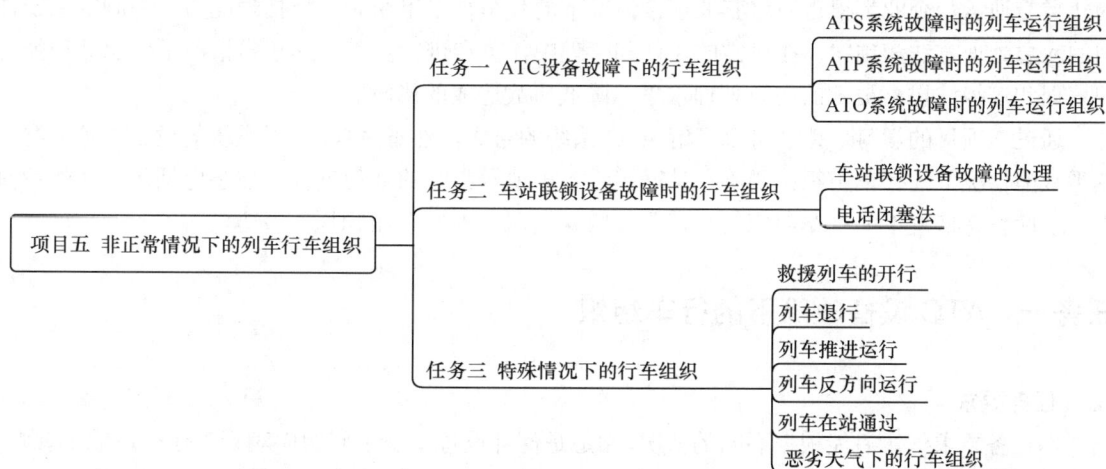

```
                                                              ┌─ ATS系统故障时的列车运行组织
                                     任务一 ATC设备故障下的行车组织 ─┼─ ATP系统故障时的列车运行组织
                                                              └─ ATO系统故障时的列车运行组织

                                                              ┌─ 车站联锁设备故障的处理
项目五 非正常情况下的列车行车组织 ──┼── 任务二 车站联锁设备故障时的行车组织 ─┤
                                                              └─ 电话闭塞法

                                                              ┌─ 救援列车的开行
                                                              ├─ 列车退行
                                     任务三 特殊情况下的行车组织 ──┼─ 列车推进运行
                                                              ├─ 列车反方向运行
                                                              ├─ 列车在站通过
                                                              └─ 恶劣天气下的行车组织
```

学习目标

知识目标

- 能描述 ATS、ATP、ATO 系统故障时的现象。
- 能陈述 ATS、ATP、ATO 系统故障时的行车组织流程。
- 能描述车站联锁设备故障时的现象。
- 能陈述车站联锁设备故障时的行车组织流程。
- 能陈述救援列车开行、列车退行、列车推进运行、列车反方向运行、列车在站通过等特殊情况下的行车组织流程。

能力目标

- 当设备出现故障时，能进行初期判断并处理。
- 能确定 ATS、ATP、ATO 系统故障时的行车模式及组织行车。
- 当信号系统设备出现故障时，能安全有序地组织列车运行。
- 能确认救援列车的开行条件及行车组织。
- 能确认列车退行的条件及行车组织。

- 能确认列车推进运行的条件及行车组织。
- 能确认列车反方向运行的条件及行车组织。
- 能确认列车在站通过的条件及行车组织。

项目导学

非正常情况下的行车组织是相对正常情况下的行车组织而言的，主要是由人、设备或者环境等因素导致不能继续采用正常情况下的行车组织方法组织行车的情况。

城市轨道交通系统由于采用了较多的先进设备，自动化程度较高，因此正常情况下行车组织工作的内容比较简单，出现意外情况的概率较小。正是因为平时很少遇到故障情况，一旦出现设备故障，如果处理不当就很容易导致大规模晚点，严重的甚至会造成人员伤亡。因此，各大城市的轨道交通运营企业都很重视培养非正常情况下的列车行车组织和应急处理能力，都制定出了详细的应急处理方法和预案，在日常的培训和管理中，重点进行员工在非正常情况下应急处理能力的培训和演练，提高员工的应急处理水平，降低事故造成的影响。

通过本项目的学习，读者可以了解 ATC 系统的组成，熟悉 ATC 各子系统的设备故障情况，熟悉故障情况下的行车组织；明确车站联锁设备出现异常时的处理过程，熟悉电话闭塞法作业流程；了解特殊情况下的行车组织类型，掌握特殊情况下的行车组织原则及方法等。

任务一 ATC 设备故障下的行车组织

📖 任务要求

本任务要求学习后能根据不同的情况，判定是何种设备出现了问题而对列车运行造成了影响，具备依据现有设备或系统的状态、运行的条件，对故障进行控制与处理的能力。

（1）某日，某城市轨道交通控制中心行车调度员于 15:00 发现 MMI 信号系统大屏灰屏，控制中心无法对列车进行监控。作为行车调度员此时应如何应对？

（2）某日，某城市轨道交通控制中心行车调度员于 15:30 接到 106 次司机的报告：列车运行在 A 站至 B 站间突然发现经过 G0608G 轨道区段时列车收不到速度码。作为行车调度员此时应如何应对？

（3）某日，某城市轨道交通控制中心行车调度员于 12:45 接到 207 次司机的报告：列车运行在 A 站至 B 站间的下行正线区间时列车因故障而制动停车，经确认是车载 ATO 发生故障导致的。作为行车调度员此时应如何应对？

学习 ATC 设备故障列车运行组织后，能够理解与分析 ATP、ATO、ATS 三个系统间的关系及相互影响，了解它们出现故障时会给列车运行带来什么影响。

✏ 任务实施

城市轨道交通信号设备通常由列车运行自动控制系统和车辆段（场）信号控制系统两大部分组成，是实现列车安全运行的主要技术设备之一。其主要用于列车进路的控制、列车间隔的控制、调度指挥、信息管理、设备工况的监测及维护管理等。ATC 系统是城市轨道交通调度指挥实现自动化、现代化和信息化的基础，主要包括列车运行自动监控系统 ATS、列车运行自动防护系统 ATP

和列车运行自动驾驶系统 ATO。

列车运行自动监控系统 ATS 的主要功能是监督列车运行状态、排列进路、生成列车时刻表、自动调整列车运行和保证列车按时刻表正点运行、生成运行报告和统计报告、向乘客和向导系统提供信息等，采用软件方法来实现联网、通信及列车运行管理自动化；列车运行自动保护系统 ATP 主要实现列车间安全间距的监控、速度控制、列车的超速防护、安全开（关）门的监督和进路的安全监控等功能；列车运行自动驾驶系统 ATO 主要通过车载 ATO 系统完成站间自动运行、列车速度调节和进站定点停车，并接收来自控制中心（OCC）的运行调度命令，实现列车的自动运行调整。ATS、ATP、ATO 三个子系统组成完整的 ATC 系统，确保列车安全、快速、短间隔时间和有序地运行。当 ATC 设备发生故障时，将导致一系列原自动化的作业需要人工进行。

一、ATS 系统故障时的列车运行组织

正常情况下，城市轨道交通的列车运行实行中央控制。当 ATS 系统发生故障时，ATS 系统中的功能不能实现，需要行车调度中心人工控制所管辖线路上的信号机和道岔、办理列车进路、组织和指挥列车运行。若出现中央 ATS 系统无显示等故障，则行车调度员应移交控制权给联锁站控制，实现站控，通知相关车站通过 LOW 监控列车运行状态，发现问题并及时上报控制中心行车调度员，控制中心如图 5.1 所示，车站控制室如图 5.2 所示。

ATS 系统故障时的列车运行组织

图 5.1 控制中心

图 5.2 车站控制室

1. 控制中心级 ATS 设备故障

控制中心级 ATS 设备故障时，控制中心、车站和司机需协同配合解决问题。

（1）确认故障并下放 LOW 控制权

① 行车调度员监视调度中心的 MMI，发现出现的各种非正常现象，包括 MMI 屏幕显示较长时间得不到更新、MMI 较长时间没有回应所输入的控制命令等，应对故障做进一步确认，尝试以手动模式在 MMI 上排路，检查是否可以得到正确反应；询问车站 LOW 显示是否与 MMI 上的信息一致；向某次列车司机查问列车所在位置以查证 MMI 上显示的列车信息。

② 列车司机在行车调度员要求下，汇报列车所在位置并查看列车前方的进路情况。

③ 各有关车站的行车值班员做出应答，向行车调度员报告 LOW 的显示状态和列车动态信息的更新、有关报警窗口的内容。

④ 行车调度员向调度长汇报 ATS 系统发生故障；要求设备维修调度员迅速派人检查并排除故障；通知受影响区域的车站值班站长，并下放 LOW 控制权；通知所有相关列车司机，指示各

有关车站值班站长监视各管辖范围内的列车运行情况。

⑤ 受影响车站的行车值班员接收到 LOW 控制权后，按行车调度员的要求监视各列车的运行状况并向调度中心汇报。

⑥ 设备维修调度员派遣维修人员开展故障检查与抢修工作。

（2）起动车站级自动控制模式

① 受影响车站的行车值班员起动车站级自动控制模式（RTU），如果后备模式起动，那么立即报告给行车调度员，并加强列车监控，不需要进行介入操作。

② 行车调度员听取行车值班员"RTU"模式是否激活汇报，询问各受影响区域的列车司机列车号码是否正常，并指导司机设置正确的车次号。

③ 列车司机应按行车调度员的要求检查列车号码，发现不正确的车号时，在行车调度员的指导下予以更正。

（3）车站手动排列列车进路

① 如果没有激活 RTU 模式，行车值班员要在 LOW 上直接进行手动操作排列列车进路，并根据行车调度员要求调节停站时间，控制和管理站台停车点；行车值班员监视车站 LOW 管辖范围内的列车运行情况，并向行车调度员汇报列车停开时间。

② 行车调度员监督正线列车的运行状态，要求司机报告运行状态；根据列车晚点情况，通知行车值班员调节停站时间，必要时组织越站运行；根据列车晚点情况，通知司机手动进行区间赶点；根据车站报告的列车停开时间，绘制实时列车运行图。

③ 各列车司机根据行车调度员的要求采用 SM 模式驾驶列车。

（4）故障排除后收回 LOW 控制权

① 检修人员通过设备维修调度员告知调度长和行车调度员，故障已排除，并进行维修销点工作。

② 有关车站向行车调度员上交 LOW 控制权。

③ 行车调度员收回有关车站的 LOW 控制权，并在 MMI 上进行如下检查：确定 ATS 系统已能及时更新列车位置信息、可以手动在 MMI 上排列进路，与列车司机核对车次号正确，在检查无异常后确认 ATS 故障排除；行车调度员确认故障排除后报告调度长，并通知车站值班员故障已经排除，系统恢复正常。

④ 有关司机按行车调度员的要求核对车次号码。

2. **车站级 ATS 设备故障**

车站级 ATS 设备发生故障时，如果中央级 ATS 设备正常，则仍由控制中心进行正常的行车组织工作，由设备部门对车站 ATS 设备进行抢修；此时若控制中心级 ATS 设备也发生故障，则控制中心将行车控制权下放至各车站（或信号设备集中站），由车站将信号系统转至联锁级别，通过联锁工作站人工排列进路。在联锁设备人工控制下，列车的进路、信号机的开放、道岔的位置等均由车站人员人工操作，也可在联锁工作站上将相关的信号机开放为自动排列进路模式或追踪列车模式；当列车接近该信号机或进路的某一位置时，自动触发联锁设备为列车排列一条进路。该故障情况下，信号系统无列车自动运行调整功能，但列车仍在 ATP 系统的防护下监督运行。

二、ATP 系统故障时的列车运行组织

ATP 系统是确保列车运行安全的关键，由轨旁地面设备和车载设备组成。列车通过地面 ATP 设备接收运行于该区段的目标速度，保证列车在不超过此目标速度的情况下运行，从而保证了后

续列车与前行列车之间的安全间隔距离。对于联锁车站，ATP 系统确保只有一条进路有效。ATP 系统同时还监督列车车门和车站站台屏蔽门的开启和关闭，以保证操作安全。

ATP 系统设备分别安装在列车上和地面上：安装在列车上的设备称为车载设备；安装在地面上的设备称为地面设备。

ATP 系统故障时的列车运行组织

1. **ATP 地面设备发生故障时的处理**

当 ATP 地面设备发生故障时，ATO 车载设备接收不到限速命令，无法按自动闭塞法行车，列车以 RM 模式运行。

（1）确认故障

列车发生非正常停车或紧急制动时，司机向行车调度员报告车次号、列车停车位置、列车运行状态、车辆和车载信号故障报警情况。

行车调度员接到司机汇报或从调度中心的 MMI 上发现联锁区的全部或多段轨道区段号码闪烁，确定轨旁 ATP 设备发生故障后，报告给调度长；通告所有车站行车值班员和列车司机利用广播及时向列车乘务员和乘客通报运营延误信息；确定列车停车的位置并严密监视和检查 ATP 故障区域。

（2）指示司机在故障区段谨慎驾驶

行车调度员立即扣停在故障区内的后续列车，防止一区间内两列车追尾事件发生，平衡列车间隔；加强列车间隔监控力度并指示在故障区内的所有司机必须在得到行车调度员的指令后，才可以用 RM 模式行车；指示离开故障区的列车司机，要确定列车已经驶离有关的事故区后，在车载 ATC 系统的允许下恢复 SM/ATO 模式运行。

司机向列车内的乘客通报调整信息，安抚乘客；故障区内的列车司机把车扣停在站台，等到行车调度员的进一步指示后，才可以用 RM 模式离站；司机驾驶列车离开故障区后，及时通报给行车调度员，并在车载 ATC 允许时恢复 SM/ATO 模式运行。

维修调度员采取多方面措施，查找轨旁 ATP 系统故障，准备备件，及时排除故障。

（3）故障排除后恢复正常运行

维修调度员向调度长汇报故障排除。

调度长得到维修调度员的报告后，确定故障已排除，指示行车调度员通知所有列车司机。

行车调度员通知司机故障排除，并要求各列车司机进行自检，看能否正常转换为 SM 模式，试验后及时向行车调度员报告。

各列车司机分别报告在用 RM 模式驾驶列车的过程中，列车能够自动转为 SM 模式，并向乘客通报故障已排除，已恢复正常运行。

行车值班员向乘客通报故障已排除信息，已恢复正常运行。

2. **ATP 车载设备的故障处理**

ATP 车载设备发生故障时，因故障列车无法接收 ATP 限速命令，而此时主要解决列车的驾驶模式问题。切除 ATP 连接，以 URM 模式运行。

（1）确认故障

列车发生紧急制动，司机看到 ATP 系统故障报警后，向行车调度员报告以下信息：列车停车位置、列车发生紧急制动、有关 ATP 系统故障的报警信息。

行车调度员接到司机汇报后从调度中心的 MMI 上，确定该列车在区间内的停车位置；指示该列车司机重新起动车载列车自动控制系统，并要求列车司机报告故障是否依然存在；若故障不再出现，要求列车司机先用 RM 模式驾车，并在车载 ATC 系统允许时，转用 ATP/ATO 模式运行。

司机重新起动车载 ATC 设备，系统仍不能通过自检时，则确定车载 ATP/ATO 系统故障，随后立即向行车调度员报告重启失败，并向故障车内的乘客通报运营调整信息，安抚乘客。

接到故障车司机重启失败的报告后，行车调度员进行以下作业：报告给调度长；通告所有车站行车值班员和列车司机；安排正线列车间隔，准备用 URM 模式运行故障列车；指示所有列车司机及行车值班员利用广播向乘客通报列车延误信息。

调度长通知维修调度员 ATP 车载故障，命令维修调度员协助司机查找和组织人员准备处理故障。

设备维修调度员协助司机确定故障列车的性质和寻找可能的快速处理方法。

（2）组织故障车用 URM 模式运行

行车调度员关注全线列车运行密度和全线 ATC 系统设备运行状态。对于停车在区间、不能再用 SM 模式运行的故障列车司机，传达如下命令：用 RM 模式运行到下一站台；在下一站台等候车站监督员上车，按行车调度员命令动车，用 URM 模式运行至终点后退出运营。

司机执行行车调度员命令，先用 RM 模式动车，发现异常立即停车。

调度长协助行车调度员确认用 URM 模式运行的列车前方至少有两个区间的安全空间。

行车值班员指派站务人员作为故障列车"监督员"上车。

站务员以故障列车"监督员"的身份上车，监督司机运行。司机按行车调度员命令动车，按行车调度员允许的车速行驶。

（3）故障车运行到终点站后退出运营

行车调度员指示故障列车司机用 URM 模式运行至终点；在运行中确认故障列车前方有两个区间的空闲后，才能命令故障列车动车；安排该列车到达终点后，不再接载乘客。

司机在行车调度员的指示和监督员的监督下，用 URM 模式运行至终点站。

站务员在列车运行至终点站后完成"监督员"任务，向行车调度员报告。

行车调度员在调度长同意下，安排列车从终点站开往存车线或返回车辆基地。

司机根据行车调度员安排，将故障列车从终点站开往存车线或返回车辆基地。

三、ATO 系统故障时的列车运行组织

ATO 系统为非故障-安全系统，用于控制列车自动运行。其一旦发生故障，列车将无法按照 ATO 自动驾驶模式行车，但在 ATS 系统下可根据当时赋予的 DID 办理相应的进路。故障现象通常表现为电客车驾驶室内 ADU 面板上 ATO 报警灯点亮，运输管理系统（TMS）中有相应的报警信息。

当列车 ATO 系统发生故障时，司机立即报告给行车调度员，经行车调度员同意后，切换相应的列车运行降级模式（ATP 监控下的人工驾驶模式）运行。若有备用车，行车调度员则安排 ATO 系统故障列车运行至终点站退出运营服务，用备用车替换运行。

列车车载 ATO 故障时的列车运行组织如下。

行车调度员接到司机车载 ATO 相关的报警信息后，认真记录。

行车调度员确认 ATS 控制终端显示及设备正常。

行车调度员将故障情况通知运转室值班人员及 DCC，并要求跟车维修人员及时上车抢修。

行车调度员必须保持自动进路功能由中央控制。

行车调度员通知本次列车司机转换驾驶模式为"SM 模式"继续运行。在站台的发车凭证仍参照"倒计时发车表示器"执行；若列车车载 ATO 故障延误已造成晚点，则行车调度员可要求该次司机站台乘客乘降完毕、车门关好后即可发车，并在区间内根据情况加速运行。

车载 ATO 故障解决后，行车调度员采取相应措施，恢复系统原时刻表控制功能。

如果列车只有一端车载 ATO 发生故障，那么在转线过程中使用另一端运行时，应继续使用 ATO 驾驶模式运行。

任务评价

任务评价表

学习内容	项目五 非正常情况下的列车行车组织		姓名	
	任务一 ATC 设备故障下的行车组织		学号	
评价要素			分值	考核得分
（1）能确定 ATS 系统故障时的行车模式及组织行车			20	
（2）能确定 ATP 系统故障时的行车模式及组织行车			20	
（3）能确定 ATO 系统故障时的行车模式及组织行车			10	
（4）能与组员协作、高质量完成学习汇报			20	
（5）能专注听取同学的汇报			20	
（6）能虚心接受老师或同学的评价			10	
总体得分			100	
教师评语：				

任务二 车站联锁设备故障时的行车组织

任务要求

图 5.3 所示为某日某地铁站计算机联锁操作界面显示的 B 级报警，请找出报警原因。此时应如何组织列车不间断运行，并保证列车运行安全？

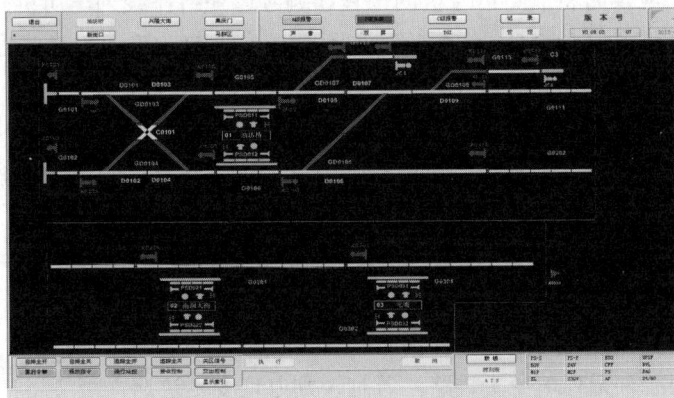

图 5.3 某日某地铁站计算机联锁操作界面显示的 B 级报警

通过本任务的学习，能够对车站联锁设备出现的故障进行初期判断并处理；能正确使用电话闭塞法组织行车。

任务实施

正线上集中控制站的联锁设备将与 ATC 设备结合在一起。集中控制站用设于本站的联锁设备对本站及其所控制的非集中站的道岔和信号机进行控制，以实现联锁关系，并将其联锁的有关信息传送至 ATP/ATO 系统，同时接收来自 ATS 的命令。车辆段（场）设一套联锁设备，用以实现车辆段（场）的进路控制，并通过 ATS 车辆段（场）分机与控制中心交换信息。

一、车站联锁设备故障的处理

1. LOW 故障处理

（1）LOW 显示全灰

① 车站行车值班员发现 LOW 全部为灰色显示，应立即报告给行车调度员和信号维修人员。

② 行车调度员接收该联锁区的控制权，在 MMI 上着重对该站进行监控。

③ 如果行车调度员在控制中心的人机界面 MMI 上不能监控故障，由行车调度员通知相关信号人员组织抢修。

车站联锁设备
故障的处理

（2）LOW 死机（显示正常，但不能操作）

① 车站行车值班员发现 LOW 工作站联锁设备显示正常，但不能操作，确认联锁设备死机，立即报告给行车调度员和信号维修人员。

② 行车调度员接收该联锁区的控制权，在控制中心的人机界面 MMI 上进行监控，并指示车站行车值班员对联锁主机电源复位。

③ 如车站行车值班员对联锁主机电源复位，但故障仍然不能排除，且控制中心的人机界面 MMI 上不能监控，则应马上报告给行车调度员，由行车调度员通知相关信号人员组织抢修。

2. 信号机故障处理

信号机发生故障时，ATS 工作站或调度中心综合显示屏上会显示故障情况。遇信号机故障时，原则上在运营期间不做处理，待运营结束后再修复。

（1）当司机、车站值班员发现信号机故障时，应及时报告行车调度员。

（2）行车调度员应及时将故障信号机的位置和编号通知给在线列车司机。

（3）采用移动闭塞法（CBTC）运行的列车不会受到影响，接近故障信号机时，列车操作显示屏（TOD）上会提示前方信号机发生故障。

（4）实行中央控制时，行车调度员确认故障信号机防护的道岔位置正确且在锁闭状态；实行车站控制时，车站值班员确认故障信号机防护的道岔位置正确且在锁闭状态。

（5）非 CBTC 运行的列车接近故障信号机时，信号机将显示红灯或灭灯，司机在该信号机前必须停车且报告给行车调度员，然后按行车调度员命令行车。

3. 道岔故障处理

（1）道岔区段长闪（即道岔挤岔故障）

① OCC 首先判断有无列车变更进路，若有，则办理变更进路。

② 若无变更进路，则 OCC 把控制权交给车站。

③ 岔区无车。行车值班员在车站对道岔执行"挤岔恢复"命令，并检查故障是否排除。若故障没有排除，则行车值班员执行"转换道岔"命令，对道岔进行左/右位转动操作，反复执行 2～3 次后，故障仍不能排除时，OCC 指示车站人工办理故障道岔进路。车站对进路中的其他正常道岔进行单锁，即给故障道岔加钩锁器；若需转换故障道岔，则先手摇道岔到位，再加钩锁器。OCC 与车站人工办理故障道岔进路人员保持联系，若现场道岔位置与进路方向一致，且密贴良好，则可立即组织行车。司机根据行车调度员指令以 RM/URM 模式动车到前方正常区段，恢复正常驾驶模式，同时通知维修调度员，维修调度员通知相关信号维修人员进行处理。

④ 岔区有车。行车调度员按就近原则立即通知司机或车站，确认位置正确、尖轨密贴，限速 15 km/h 以 RM 模式动车后，检查故障是否排除。若故障没有排除，则行车值班员执行"转换道岔"命令，对道岔进行左/右位转动操作，反复执行 2～3 次后故障仍不能排除时，再人工办理进路。

（2）道岔左位或右位短闪（即道岔无表示故障）

① OCC 判断有无列车变更进路，若有，则办理变更进路。

② 若无变更进路，则 OCC 把控制权交给车站。

③ 岔区无车。行车值班员执行"转换道岔"命令，对道岔进行左/右位转动操作，反复执行 2～3 次后，若故障仍不能排除，则 OCC 指示车站人工办理故障道岔进路。车站对进路中的其他正常道岔进行单锁，即给故障道岔加钩锁器；若需转换故障道岔，则先手摇道岔到位，再加钩锁器。OCC 与车站人工办理故障道岔进路人员保持联系，若现场道岔位置与进路方向一致，且密贴良好，则可立即组织行车。司机根据行车调度员指令以 RM/URM 模式动车到前方区段，收到速度码后恢复正常驾驶模式，同时通知维修调度员，维修调度员通知相关信号维修人员进行处理。

④ 岔区有车。司机和车站确认位置正确后，以限速 15 km/h 通过，后续列车由车站加钩锁器人工办理进路。司机根据行车调度员指令以 RM/URM 模式动车到前方正常区段后，恢复正常驾驶模式。

（3）道岔区段灰色（即道岔连接中断故障）

① OCC 判断有无列车变更进路，如有则办理变更进路，同时通知维修调度员，维修调度员通知信号维修人员进行处理。

② OCC 把控制权交给车站。

③ 岔区有车。司机或车站现场确认位置正确、尖轨密贴后，以 RM 模式限速 15 km/h 通过，后续列车由车站加钩锁器人工办理进路。

④ 岔区无车。由车站加钩锁器人工办理进路。

4. 计轴故障处理

（1）个别区段计轴红光带故障（实际空闲区段上有错误占用显示）

① 若为 CTC 模式，则列车不受影响，按正常组织列车运行。

② 若为 ITC 模式，则 OCC 把控制权交给车站，同时通知维修调度员，维修调度员通知相关信号维修人员进行处理，车站确认影响范围。

③ 道岔区段内出现红光带时，应先确认道岔位置。若道岔位置不正确，则由车站确认线路安全，在 LOW 上执行"强行转岔"操作后单独锁定，若不能操作，则人工办理进路；若道岔位置正确，则通知司机以 RM/URM 模式通过该区段至前方正常区段后恢复正常驾驶模式。车站对该计轴区段执行"预复位"操作，执行"预复位"操作后，后续列车按引导信号组织行车。

（2）列车通过后区段内有遗留绿色光带（区段不能正常解锁）

① 若能排列包含此进路的列车同向进路并进行解锁，则按正常情况组织行车。

② 若进路故障区段（含道岔区段）不能正常排列进路，则 OCC 把控制权下放给车站，在 LOW 上对故障区段执行"强解区段"或"强解道岔"命令。

③ 若仍不能正常解锁，如有变更进路则及时要求 OCC 在 LOW 上排列变更进路；若无变更进路，则要求车站将进路中相关道岔进行单独锁定后，列车司机根据行车调度员命令以 RM/URM 模式通过该信号机至前方正常区段后恢复正常驾驶模式，同时通知维修调度员，维修调度员通知相关信号维修人员进行处理。

5. 联锁区域故障处理

联锁区域故障是指联锁主机等联锁核心设备发生故障，导致联锁区的全部或大部分行车信号设备无法使用，如造成如下情况。

① 全线或某个联锁区内的联锁工作站显示全灰。

② 全线或某个联锁区内的计轴设备故障。

③ 全线或某个联锁区内的道岔失去显示。

④ 全线或某个联锁区内的信号机失去显示。

⑤ 全线或某个联锁区内的进路无法排列、相邻联锁区向故障联锁区的进路无法排列。

此时，由值班主任决定采用电话闭塞法组织行车，行车调度员将行车控制权下放至车站，列车占用区间的凭证是路票。

二、电话闭塞法

电话闭塞法是正线信号系统联锁功能发生故障时采用的行车组织应急方法，是靠人工控制行车间间隔的代用闭塞法。电话闭塞法的启用及停用由值班主任决定，由行车调度员向车站、司机等发布相关的调度命令。

电话闭塞法的闭塞区间为相同运行方向的两个或多个相邻出站信号机间的区域，列车以路票作为占用闭塞区间的凭证，一个闭塞区间只允许一列列车占用，闭塞区间内列车采用 URM 模式驾驶。全线信号联锁系统故障时，所有车站均为闭塞车站；单个或多个联锁区的信号联锁系统故障时，故障车站、相邻车站及其他受影响车站均为闭塞车站。

地铁常用的电话闭塞法为"一站一区间"或"两站两区间"。"一站一区间"的闭塞区间为相同运行方向的两个相邻出站信号机间的区域，如图 5.4 所示；"两站两区间"的闭塞区间为相同运行方向三个相邻出站信号机间的区域，如图 5.5 所示。

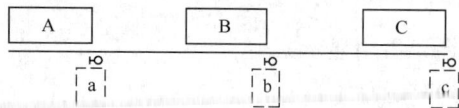

图 5.4 "一站一区间"示意图　　　　图 5.5 "两站两区间"示意图

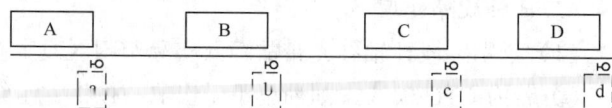

一站一区间：A 站 a 信号机至 B 站 b 信号机、B 站 b 信号机至 C 站 c 信号机各为一个闭塞分区。

两站两区间：A 站 a 信号机至 C 站 c 信号机、B 站 b 信号机至 D 站 d 信号机各为一个闭塞分区。

1. 办理作业的主要程序和要求

（1）发生联锁故障且无法判断列车位置时，行车调度员第一时间要求故障区域内各次列车停车待令。

（2）由值班主任决定是否启用电话闭塞法，行车调度员通知非故障区域内的列车在车站的停站时间延长，两端始发站晚发出列车。

（3）值班主任决定受故障影响的区段启用电话闭塞法后，行车调度员向准备启用电话闭塞法的相关车站发布做好启用电话闭塞法准备的通知。

（4）行车调度员逐一与各次司机共同确认故障区域内的列车位置。

（5）核对无误后，行车调度员与准备启用电话闭塞法的各车站核对故障区域内各次列车的位置，必须逐车与相关车站核对；遇区间内有车时还必须与两端站核对，并要求列车运行前方站复诵。

（6）若列车因联锁故障停在区间及辅助线，列车运行前方进路无道岔且前方站台无车占用时，列车凭行车调度员的命令运行至车站；列车运行前方进路有道岔或者列车压在道岔上时，车站人员需到现场确认道岔位置正确后加锁道岔，人员出清后向行车调度员汇报“××站上/下行至××站上/下行进路准备好了”，由行车调度员指挥列车运行到前方站。

（7）行车调度员向准备启用电话闭塞法的车站、各次列车司机发布执行电话闭塞法的命令，同时需通知各次列车司机进入电话闭塞法区域采用 URM 模式驾驶，驶出电话闭塞法区域后恢复正常信号行车。

（8）若车站申请下线路人工准备进路（或钩锁道岔）时，行车调度员在认真核对该区间内无人车冲突后，方可同意。

（9）执行电话闭塞法。（当行车调度员发布××站—××站上/下行正线采用电话闭塞法组织行车的命令后，视为该区域内的行车指挥权交由车站负责）。

① 接车站的接车线路空闲、进路准备妥当，收到发车站闭塞请求后，方可同意闭塞。

② 发车站必须确认闭塞区间空闲、取得接车站同意接车的电话记录号码后，发车进路准备妥当方可填发路票，路票如图 5.6 所示。

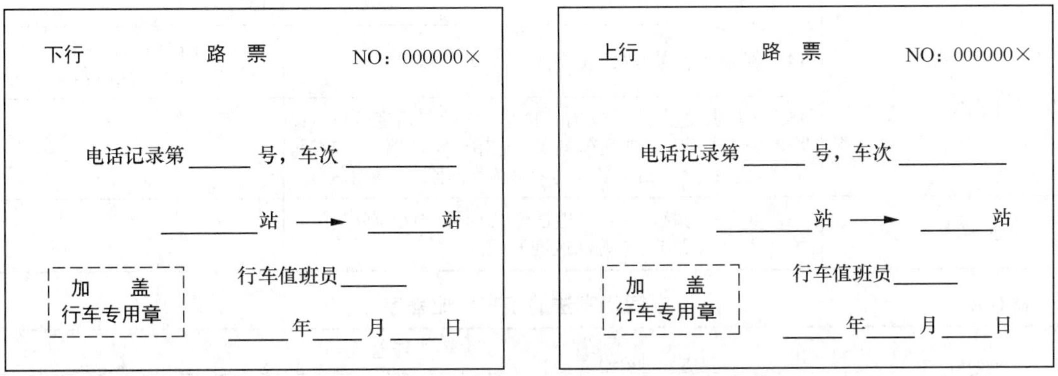
下行　　路　票　　NO：000000×

电话记录第_____号，车次________

________站 ——→ ______站

加　盖　行车专用章　　行车值班员______

_____年____月____日

上行　　路　票　　NO：000000×

电话记录第_____号，车次________

________站 ——→ ______站

加　盖　行车专用章　　行车值班员______

_____年____月____日

图 5.6　路票

③ 车站确认路票填写无误后加盖行车专用章，与司机核对交接并向司机发出发车手信号。

④ 司机接到路票核对无误后方可关门，凭车站的发车手信号动车。接车站值班站长（或指定可胜任人员）在列车到达后及时收回路票，在路票正面对角划“×”以示注销，按规定保管路票。司机不能将路票带进折返区域。

（10）取消电话闭塞法组织行车。

① 值班主任及行车调度员在收到维修调度员信号设备恢复的通知后，行车调度员应结合设备

的现象确认故障已排除。

② 发布取消电话闭塞法命令时，行车调度员应先向车站发布，再向司机发布。

下面以"两站两区间"的行车间隔为例，详细说明电话闭塞法接发列车的作业程序。电话闭塞法的发车作业程序见表 5.1，电话闭塞法的接车作业程序见表 5.2。

表 5.1　　　　　　　　　　　　电话闭塞法的发车作业程序

程序	作业标准	
	值班站长	行车值班员
一、请求闭塞	1. 根据"行车日志"、调度命令确认区间内线路空闲（第一趟列车与行车调度员、接车站共同确认）	
	2. 向前方站请求闭塞："××次请求闭塞"	
二、准备发车进路	3. 布置值班员："准备××次××道（上/下行线）发车进路"	4. 复诵"准备××次××道（上/下行线）发车进路"
	6. 听取汇报，复诵："××站××次××道（上/下行线）发车进路好了，线路出清"	5. 将进路上的道岔及防护道岔开通到正确位置并加锁。经确认正确后，向值班站长报告："××站××次××道（上/下行线）发车进路好了，线路出清"
三、办理闭塞	7. 复诵接车站发出的电话记录："电话记录××号，××分同意××次闭塞"	
	8. 填写"行车日志"	
	9. 安排行车值班员填写路票	10. 根据值班站长的命令填写路票，并向值班站长复诵
	11. 指示行车值班员向列车驾驶员交付路票后显示发车信号	12. 向列车驾驶员交付路票后，确认乘客上下车完毕，列车车门关闭后向列车驾驶员显示发车信号
四、列车出发	14. 复诵"××次出发"，填写"行车日志"	13. 列车出清站台区后，向车控室报告："××次出发"
	15. 列车出发后，向前方站（接车站）行车调度员报点："××次××分开"。当列车尾部越过站台头端墙后，向后方站报点："电话记录××号××次××分开"。开通区间	
五、开通区间	16. 复诵前方接车站："电话记录××号××次××分到"，填写"行车日志"，确认区间开通	

表 5.2　　　　　　　　　　　　电话闭塞法的接车作业程序

程序	作业标准	
	值班站长	行车值班员
一、听取闭塞请求	1. 听取后方站发车请求，复诵："××站××次请求闭塞"	
	2. 根据"行车日志"（或通过车站操作员工作站、视频监控系统）、调度命令，确认站内线路空闲和区间线路空闲（第一趟列车与行车调度员、发车站共同确认）	
	3. 根据"行车日志"确认前方站线路空闲和区间线路空闲（第一趟列车与行车调度员、前方站共同确认）	

程序	作业标准	
	值班站长	行车值班员
二、检查及准备进路	4. 安排值班员（站务员）："检查××道，准备××次×× 道（上行或下行线）接车进路"	5. 复诵："检查××道，准备××次×× 道（上行或下行线）接车进路"
	7. 听取汇报后，复诵："××次××道（上/下行线）接车 进路好了，线路出清"	6. 确认线路空闲，将进路上的道 岔及防护道岔开通正确位置并加 锁。经确认正确，向值班站长报告： "××次××道（上/下行线）接车进路 好了，线路出清"
三、同意闭塞	8. 通知发车站："电话记录××号××分同意××次闭塞"， 填写"行车日志"准备接车	
四、接车	9. 听取发车站发车通知并复诵："××次××分开"，填写 "行车日志"，并向前方站请求闭塞	
	10. 布置值班员："××次开过来了，准备接车"	11. 复诵："××次开过来了，准备 接车"。监视列车进站停车
	13. 复诵："××次到达"，填写"行车日志"，向行车 调度员报点	12. 列车对位停车后，向值班站长 报"××次到达"
五、开通区间	14. 列车本站开出后，向发车站报点："电话记录××号×× 次××分开"。开通区间	15. 向值班站长上交路票

2. 接车站同意闭塞的条件

（1）非折返站同意闭塞的条件为接车进路准备完毕、接车线路空闲。

（2）折返站同意闭塞的条件为上次列车驶入折返线停稳、本次列车驶入站台的接车进路准备 完毕。

3. 电话记录号码的使用规定

电话记录号码每站一组，按日循环使用；相邻站不使用相同的号码；每个号码在一次循环内 只使用一次，号码一经发出，无论生效与否，都不得重复使用。车站给出的电话记录号码通常由 几部分组成，如 12002，其中左起第一、二位为车站代号，其他 3 位为序列号。各站给出的电话 记录号码自每日 0 时起至 24 时止，按日循环编号，上行方向为偶数，序列号从 002 开始编号；下 行方向为奇数，序列号从 001 开始编号。每给出一个上行或下行方向的号码按增加 2 进行顺编， 不得重号使用；零点以前填写的路票零点以后发车时，无须更改日期。

4. 其他特殊要求

（1）执行电话闭塞法的区段，进路上的道岔必须锁定，优先使用联锁工作站锁定；当联锁工 作站电子锁定无法使用时，由车站人员现场确认进路正确后使用钩锁器锁定（折返道岔钩锁器只 挂不锁）。

（2）列车进出折返线或存车线时，按照调车方式办理。进折返线时，车站准备好进路后，由 值班站长亲自或指定人员发出道岔开通手信号通知司机。出折返线时，车站准备好进路后，先通 过无线电话联系司机（无线电话故障时，由现场人员口头通知），然后在指定地点发出道岔开通手 信号。

（3）已办妥闭塞却因故不能接车或发车，需要取消闭塞时，如果列车尚未动车则立即发出停 车手信号进行防护，通知该列车司机取消闭塞，列车原地待令，确认无误后，提出的一方发出的电话记录号码作为取消闭塞的依据，并及时报给行车调度员。发车手信号一旦发出或列车已经起动，原则上不能取消闭塞。

📑 **任务评价**

任务评价表

学习内容	项目五　非正常情况下的列车行车组织		姓名	
	任务二　车站联锁设备故障时的行车组织		学号	
评价要素			分值	考核得分
（1）能够对车站联锁设备出现的故障进行初期判断并处理			20	
（2）能正确使用电话闭塞法组织行车			30	
（3）能与组员协作、高质量完成学习汇报			20	
（4）能专注听取同学的汇报			20	
（5）能虚心接受老师或同学的评价			10	
总体得分			100	
教师评语：				

任务三　特殊情况下的行车组织

📖 **任务要求**

某日，某城市轨道交通企业控制中心行车调度员于 12：30 接到 208 次司机报告，列车运行到 C 站至 D 站时车辆出现严重故障，被迫停车，且在规定时间内无法排除故障，后续列车 210 次正开往 B 站，列车运行示意图如图 5.7 所示。作为行车调度员此时应该如何处理？

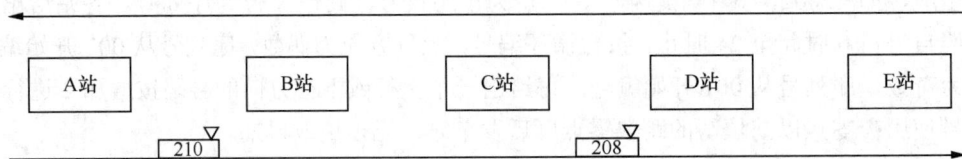

图 5.7　列车运行示意图

通过本任务的学习，能确认救援列车的开行条件及行车组织；能确认列车退行的条件及行车组织；能确认列车推进运行的条件及行车组织；能确认列车反方向运行的条件及行车组织；能确认列车在站通过的条件及行车组织。

✏️ **任务实施**

特殊情况下的列车运行主要包括救援列车的开行、列车退行、列车推动运行、列车反方向运行、列车在站通过、恶劣天气下的行车组织等。

一、救援列车的开行

当列车发生故障无法动车时，为尽快开通线路，必须清客下线，将其他列车与其连挂，采用牵引或推进的救援方式使之及时驶离正线，以确保正线的安全畅通。此作业称为救援作业。

1. 救援的分类

按救援作业的实施位置划分，救援可分为车站救援和区间救援两种。

（1）车站救援。列车连挂位置在站内的救援。

（2）区间救援。列车连挂位置在区间的救援。

按救援作业完成后列车的运行方式划分，救援可分为牵引救援和推送救援两种。

（1）牵引救援。以列车头部作为牵引点。

（2）推进救援。以列车后部作为牵引（推送）点。

2. 救援列车的请求与派遣

（1）列车运行中发生故障时，首先由司机在最短的时间内判明其是否能维持运行，不危及行车安全时，应继续运行至有条件处理的处所，且尽可能靠近车站，并及时向控制中心行车调度员报告，防止阻塞正线，影响后续列车的运行。

（2）行车调度员接到司机的救援请求或行车调度员决定实施救援后，向有关车站发布开行救援列车的命令，及时组织备用车上线救援。

（3）故障列车在区间时，不需发布站间线路的封锁命令，行车调度员组织就近的在线列车担任救援列车。

（4）故障工程车在区间时，还需发布封锁站间线路的命令，行车调度员组织就近的工程车担任救援列车。

（5）担任救援的列车原则上需清客后再担任救援工作，特殊情况下由值班主任决定救援列车是否清客后救援。

（6）救援列车连挂故障列车后的第一个停靠车站为清客车站。

3. 救援列车进入封锁线路的行车组织办法

向封锁线路发出救援列车时，不办理行车闭塞手续，以行车调度员的命令作为进入该封锁线路的许可。

4. 救援的有关规定

为保证在救援过程中不因防护不当等原因而造成救援列车与被救援列车相撞的事故，必须严格遵守以下规定。

（1）已申请救援的列车不准动车，司机应打开被救援列车两端的标志灯作为防护信号，并注意与救援列车的连接。

（2）救援列车应在距被救援列车 20 m 处停车，以 5 km/h 的速度到达距故障车 3 m 处一度停车，听候救援负责人（被救援列车司机）的指挥连挂。

（3）在连挂之前还可继续排除故障，但不能起动列车，如故障排除则报告给行车调度员以解除救援。

（4）在未接到开通封锁线路的调度命令前，不得将救援列车以外的其他列车开往该线路。

（5）遇到发生人员伤亡、设备损坏时，应急处理和信息发布按《运营事故处理规则》《应急信息报告规定》《乘客伤亡事故处理规定》《站务应急处理规定》《乘务应急处理规定》中的有关规定执行。

5. 列车救援作业基本流程

（1）发布命令。行车调度员向有关车站、司机等发布开行救援列车的调度命令。

（2）做救援准备。若救援列车在决定救援之前未清客，则行车调度员组织列车在故障点前一个站台清客，停站后 2 min 内未能清客完毕，可带客前往救援。故障车司机根据行车调度员命令进行清客，清客完成后做好防护措施及被救援准备。行车调度员在救援连挂列车动车前排列好前方运行进路。

（3）实施连挂。能够以 AM/SM 模式运行的救援电客车，先运行至推荐速度为 0 处停车，然后以 URM 模式运行至距故障车 20 m 处一度停车；救援工程车或以 RM/URM 模式运行的救援电客车直接运行至距故障车 20 m 处一度停车。救援车司机以 5 km/h 的速度驾驶列车接近故障车，在距故障车 3 m 处一度停车并联系故障车司机，在故障车司机的指挥下限速 3 km/h 进行连挂作业，并试拉确认连挂状态。连挂过程中司机下线路确认连挂情况时不用报行车调度员，高架区域内的司机利用非疏散平台侧下车确认。

（4）动车。连挂完毕，救援连挂列车解除相应防护并确认安全后，按调度命令规定的运行路径先动车，动车后立即向行车调度员汇报。

图 5.8 所示为某轨道交通企业列车故障救援作业流程图。

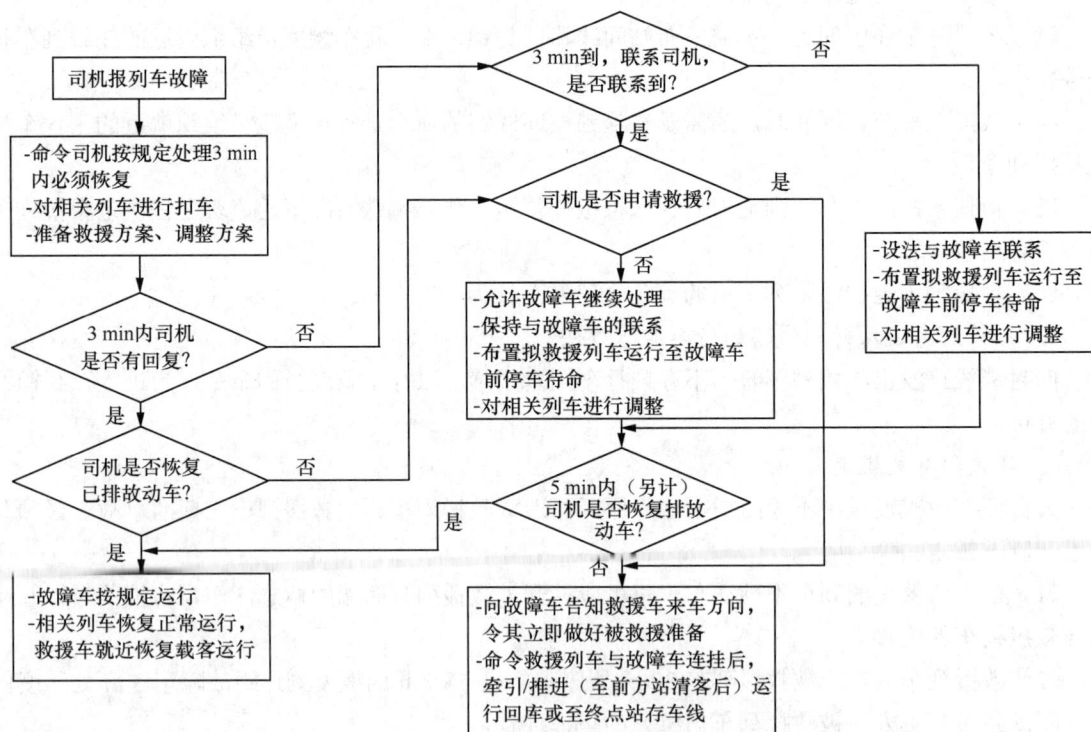

图 5.8 某轨道交通企业列车故障救援作业流程图

二、列车退行

列车退行是指使列车运行方向与原方向相反，列车驾驶员必须得到行车调度员的允许后，方可退行。

列车退行作业分为列车由区间向车站退行和列车由车站向区间退行两种情况。

1．列车由区间向车站退行办理流程

（1）接受调度命令，接收控制权。

（2）确认接车线路（退行列车至接车站站线）空闲后，关闭后方站出站信号机或通知后方集中站关闭相关出站信号机进行防护。

（3）办理接车进路，进行退行列车广播。

（4）进路办理完毕后向行车调度员汇报。

（5）列车在车站规定位置停稳后，接车站向行车调度员报告接车情况。

（6）作业完毕后，开放后方站出站信号机。

2．列车由车站向区间退行办理流程

（1）接受调度命令，接收控制权。

（2）关闭出站信号机。

（3）确认列车退行所需占用的站间区间空闲后，关闭后方站出站信号机或通知后方集中站关闭相关出站信号机进行防护。

（4）办理进路，进行退行列车广播。

（5）列车根据行车调度员的指示退入区间内。

（6）列车在规定位置停稳后，向行车调度员报告列车退行情况。

（7）退行列车整列返回后，开放后方站出站信号机。

3．注意事项

（1）在实行电话闭塞法行车时，待列车整列退回到车站后，应与邻站办理取消闭塞的手续，发出电话闭塞编码作为取消闭塞的依据。

（2）预定退行的列车或区间内有作业的列车发出后，出站信号机应显示停车信号，在确定该列车已回到本站或已到达前方站后，方可显示绿灯。

三、列车推进运行

当列车前端驾驶室出现故障，需在列车尾部驾驶室操纵列车运行或救援列车推送故障列车运行的方式称为推进运行。

列车推进运行时必须遵守以下规定。

（1）列车推进运行，必须得到行车调度员的调度命令。

（2）推进运行时，必须有一名具备引导员资格的员工在客车头部进行引导；无人引导时，禁止推进运行。

（3）当难以辨认信号时，禁止列车推进运行。

（4）在坡度为 3%及以上的下坡道上推进运行时，禁止在该坡道上进行停车作业，并注意列车的运行安全。

（5）列车推进运行的限速要求按《行车组织规则》中的规定执行。

四、列车反方向运行

各城市轨道交通系统在《行车组织规则》中对双线区段线路均规定了上、下行列车的运行方向，及对应规定的上、下行线。正常情况下上行方向列车在上行线上运行，下行方向列车在下行线上运行。根据需要，当上行方向的列车在下行线上运行或下行方向的列车在上行线上运行时，则称为列车反方向运行。

列车反方向运行，应按规定程序进行审批，根据行车调度员的调度命令执行。行车调度员应对反方向运行列车重点监控，确保其行车安全。

列车反方向运行规定如下。

（1）在具有反向 ATP 的轨道区段中，列车反方向运行前必须得到行车调度员的命令准许。

（2）在具有反向 ATP 的轨道区段中，列车反方向运行时，行车调度员在 MMI（LOW）上排列进路，列车根据 ATP 系统的允许速度以 SM 模式运行，行车凭证为列车收到的速度码。遇 ATP 轨旁设备故障时，行车调度员通知驾驶员以 RM 模式运行。

（3）在反向 ATP 故障或无反向 ATP 的轨道区段中，反方向运行除降级运营时组织单线双方向运行或开行救援列车外，载客列车原则上不能反方向运行，反方向运行时需行车调度员或车站在 ATS 工作站上排列进路。

（4）在反向 ATP 故障或无反向 ATP 的轨道区段中，列车反方向运行时，行车调度员需通知站务人员进行开/关安全门操作。

（5）在反向 ATP 故障或无反向 ATP 的轨道区段中，工程车在明确行车计划和进路排列好的情况下方可反方向运行。

（6）在反向 ATP 故障或无反向 ATP 的轨道区段中，按站间电话闭塞法组织行车。行车调度员在下达反方向行车命令前，确认反方向行驶列车前至少有两个站间区间空闲（救援除外），接车站人员在尾端墙处向正向来车方向发出红色防护手信号。

五、列车在站通过

在日常行车组织过程中，因车辆故障、设备故障、事故或客流突变等原因造成运行晚点或有特殊原因时，可以允许列车不按计划停站而直接通过，这称为列车在站通过，又称跳停。

为防止因列车在站通过而对运营服务及乘客产生影响，在进行行车调整时应注意以下几点。

（1）当需要组织列车在某站进行在站通过行车时，行车调度员应及时通知司机和相关车站，并通过广播提前告知乘客，做好乘客引导工作。

（2）末班车或在乘客无返程条件的区段中，不得在站通过。

（3）原则上不准两列及其以上客运列车在同一车站连续在站通过。

（4）《运营时刻表》中没有规定在站通过车站或无行车调度员命令时，司机不得驾驶电客车在站通过。

（5）组织调度集中（CTC）模式下的列车在站通过时，原则上应使用信号系统提供的功能进行设置，司机凭车载推荐速度驾驶列车在站通过。组织降级电客车或工程车在站通过时，司机凭地面信号显示人工驾驶列车在站通过。

六、恶劣天气下的行车组织

恶劣天气通常是指大雾、暴风雨雪、极端高/低温的天气情况，这样的天气条件会对轨道交通运营设备的稳定性及行车人员进行作业造成一定影响，可能会给运营组织带来安全隐患。

恶劣天气条件下的行车组织，以确保行车安全为原则，视情况可采取降低运行速度、拉大行车间隔、实施客流管制等措施来维持运营服务。

1. 恶劣天气下的行车组织

（1）采取降低运行速度、严格控制一个站间区间内只准同方向一列车占用的办法组织行车。

（2）值班站长在得到信息后，应及时向全体员工发出信息通报，并对关键岗位提出安全工作要求，同时加强车站巡察。

（3）站务人员应提前出场接车，对接车线路接触网、路轨状况及候车乘客进行密切观察，发现有危及行车及乘客人身安全情况时，应及时采取措施（按下紧急停车按钮）将列车拦停。

（4）恶劣天气下，站务人员出场作业时要加强自身防护。

2. 大风、暴雨、大雾天气下的作业要求（主要是高架和地面车站）

（1）站务人员正确佩戴工作帽，防止意外发生。

（2）留意接触网上是否有异物悬垂及轨道中是否有异物阻塞，并及时报告给行车调度员处理。

（3）值班站长应指派专人对站台上的可移动物品进行加固。

（4）列车以 ATO 模式运行。

（5）列车进站司机要鸣笛警示、加强瞭望，如遇险情，则立即采取停车措施。

（6）行车调度员通知车站加强安全广播和站台秩序的维持工作，若遇险情，则立即采取紧急停车措施。

3. 冬季雨雪

（1）客运组织方面

① 采取"随积随扫"的原则，组织工作人员在车站出入口、楼梯、通道口扫除积雪，尽最大努力确保列车进出站的安全。

② 地面和高架车站在重点出入口增派工作人员，作为该站的"气象预报员"，随时向车站汇报积雪情况，并组织扫雪队伍。

③ 地面、高架车站入口内外都需要铺设防滑垫、防滑袋，并撒融雪剂，清理冰块，防止乘客滑倒。

（2）行车保障方面

① 在夜间运营结束后加强对道岔扫雪、涂冻油的工作力度。

② 在运营期间，因降雪覆盖岔区而很容易引起道岔故障，需要科学精密地调整行车模式。在高峰行车期间，空出轨道线路、加派突击人员、抢扫岔区积雪，将有效降低故障率，有利于确保运营稳定。

（3）维修保障方面

① 严格按照降雪天气设施设备保养检修的规程规定，对道岔钢轨防断和轨道电路防冻等工作加强线路巡查检修。

② 为确保故障抢修过程万无一失，维保单位还要专门对工程车辆、备品备件、抢修设施等进行维护检查保养，确保它们百分之百处于完好状态，把好最后一道关。

（4）作业要求

① 值班站长应及时采取防滑措施，并指派保洁人员随时对站台上的积雪进行清扫。

② 有道岔的车站应及时开启道岔加热装置。

③ 车辆需要提前预热。

④ 加强道岔、接触网等关键设备的防冻力度。

⑤ 抢险队伍地毯式巡检。

⑥ 紧急购配防冻抗雪物资。

⑦ 为确保行车安全，采取降低运行速度、严格控制一个站间区间内只准同方向一列车占用的方法组织行车。

4. 高温天气下作业要求

（1）站务人员要留意乘客候车情况，保证乘客远离安全线。

（2）注意自身状况，若有不适，则必须及时报告上级主管以做安排。

（3）轨道温度直接关系到轨道交通运营的安全。一旦出现因为高温而导致的胀轨，就会对地铁正常运营造成影响，严重的甚至会中断运营。

（4）在车站上配备一定量的防暑药，高架和地面车站可洒水降温。

任务评价

任务评价表

学习内容	项目五　非正常情况下的列车行车组织		姓名	
	任务三　特殊情况下的行车组织		学号	
评价要素			分值	考核得分
（1）能确认救援列车的开行条件及行车组织			10	
（2）能确认列车退行的条件及行车组织			10	
（3）能确认列车推进运行的条件及行车组织			10	
（4）能确认列车反方向运行的条件及行车组织			10	
（5）能确认列车在站通过的条件及行车组织			10	
（6）能与组员协作、高质量完成学习汇报			20	
（7）能专注听取同学的汇报			20	
（8）能虚心接受老师或同学的评价			10	
总体得分			100	
教师评语：				

复习思考

1. 简述 ATC 系统的组成。

2. 简述 ATS 系统故障时的行车组织。

3. 简述 ATP 系统故障时的行车组织。

4. 简述 ATO 系统故障时的行车组织。

5．车站联锁设备会出现哪些故障？

6．简述"一站一区间"和"两站两区间"的含义。

7．采用站间电话闭塞法行车时，行车凭证是什么？司机以什么模式驾驶列车运行？

8．救援列车进入封锁区间的行车办法是什么？

9．简述列车故障救援作业流程。

10．简述列车由车站退行到区间内的退行作业办理程序。

项目六
施工组织及管理

知识地图

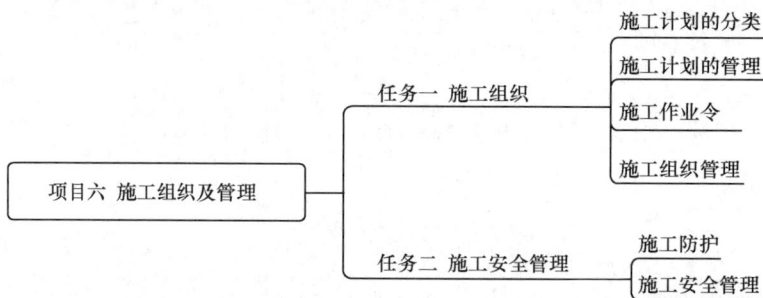

学习目标

知识目标

- 能正确说出施工计划的分类。
- 能复述施工计划的组织流程。
- 能熟知施工管理的相关概念。
- 能说出车辆段调车作业流程。

能力目标

- 能够识别施工计划类别。
- 会正确识读施工作业令。
- 会正确办理施工时登记请点和销点手续。
- 能正确设置施工安全防护。

项目导学

　　狭义上讲，城市轨道交通运营系统的施工作业是指为保证运营的安全和稳定，对系统范围内各种设备、设施开展的检查维修、隐患排除、维护保养、更新改造等生产活动。但从广义上而言，除上述生产活动外，运营服务以外的生产活动也被视为施工作业，如正线驾驶培训、列车的正线调试等。

城市轨道交通运营系统是城市公共交通体系中的客运服务系统。运营过程中，一般是不能为了进行施工作业而中断正线行车的。考虑到安全问题，一般也不会在运营过程中安排施工作业。因此，城市轨道交通运营系统的施工作业，尤其是正线范围内的施工作业，往往安排在夜间停运后进行。

通过本项目的学习，读者能够了解施工计划的分类方式，明确各项施工计划的安排流程及实施，识读施工作业令，熟悉施工现场如何根据计划组织作业以及掌握轨道交通施工过程中的安全防护等。

任务一　施工组织

📖　任务要求

11 月 14 日，某地铁某号线 A 站轨道设备检修，施工负责人在规定时间内持施工作业令到 A 站请点施工，施工作业令见表 6.1。

表 6.1　　　　　　　　　　　　施工作业令

作业代码	1A2-14-02		作业令号	〔2018〕运营 1 字（1114）-02 号	
作业部门（单位）	设施部工建车间		申报人及联系方式	张明 187××××××××	
作业名称	轨道设备检修		作业区域	A-D 站上、下行线及辅助线	
作业日期	2018-11-14		作业时间	23:10-（次日）04:00	
主要作业内容	轨道设备检修				
防护措施	作业人员穿荧光衣、劳保鞋，戴好安全帽				
接触网供电安排	无要求				
配合部门及要求					
主站	A 站		施工负责人及联系方式	张明 187××××××××	
辅站及责任人			作业人数	6	
备注	该项作业需车站配合开启区间照明及扳动道岔				
签发人			发放人		
施工区域出清情况	设备情况		地线撤除情况		
	人员、物料等撤离情况		施工负责人/责任人		
请点生效	批准人		销点生效		批准人
销令时间			销令批准人		

识读城市轨道交通运营公司的施工作业计划，能判断该施工是哪一类施工、对行车是否有影响、施工作业地点、主要作业内容、是否需要封锁区间、请点时间、销点时间、施工主站及辅站

等内容。

通过本任务的学习，能够识别施工计划的类别，能够根据施工作业办理登记请点和销点手续，能够按照规定填写施工作业令。

✎ **任务实施**

一、施工计划的分类

正常情况下，设备、设施在其运用过程中必然存在的老化、磨损等现象具有一定内在规律，维护单位会根据该规律按照一定的周期对其进行检查、保养、维修，甚至更换。当然，运营中也存在特殊情况，设备、设施因意外而发生故障或损坏时，需要马上对其进行维修或更换，否则无法保证运营安全。由此决定了施工作业既有一定的计划性，也有一定的临时性。

城市轨道交通系统施工计划一般可以按时间、施工地点和性质来分类。

1. 按时间分类

施工计划按照计划的时间可以分为月计划、周计划、日补充计划、临时补修计划。

月计划：是指以一月为周期编制的计划，属于设备正常修程内和开车调试的作业应纳入月计划。月计划应结合地铁运营单位的月度设备检修计划编制。

周计划：是指以一周为周期编制的计划，因设备检修需要，对月计划里未列入的作业进行补充或将月计划中需调整变更的作业计划。

日补充计划：是指提前一天申报的计划，对月计划和周计划里未列入的作业进行补充或将月计划、周计划中需调整变更的作业计划。

临时补修计划：是指在运营期间因设备设施临时故障，对设备进行抢修后，必须在当天停运后继续进行设备维修的作业计划。

2. 按施工作业地点和性质分类

按是否影响行车、施工作业地点和性质，可将施工计划分为以下 3 类，见表 6.2。

表 6.2　　　　施 工 计 划

类		影响行车	内容
A	A1	影响正线、辅助线行车的施工	需开行工程车、电客车的施工
	A2		不需开行工程车、电客车的施工
	A3		在车站、主变电所、控制中心范围内，影响正线行车设备运行的施工
B	B1	影响车场线的施工	开行电客车、工程车的施工（不含车辆中心电客车、工程车检修）
	B2		不需要升行电客车、工程车，但需要进入车场线路限界内，或影响接触网、信号等设备运行，或在车场线路限界外 3 m 内种植乔木、搭建相关设施，或需要动火等影响行车的施工
	B3		车厂内除 B1/B2 以外的施工作业（办公室、食堂等生活办公设备设施维修除外）
C	C1	在车站、主变电所、控制中心、车场等范围内不影响行车的施工	大面积影响客运、影响消防设备正常使用、需要动火或设备设施维护检修等施工
	C2		局部影响客运但采取措施后影响不大，不影响设备运行的巡视检查、清扫、测试、动用简单设备（如动用 220 V 及以下的电力、钻孔等，不违反安全规定）等施工

属于正常修程内的 A1、A2、A3、B1、B2、C1 类作业应纳入月计划，月计划应结合月度设

备检修计划来编制。

因设备检修需要，对月计划里未列入的作业进行补充或将月计划中需调整变更 A1、A2、A3、B1、B2、C1 类作业的计划称为周计划。

对月计划和周计划里未列入的作业进行补充或将月计划、周计划中需调整变更 A1、A2、A3、B1、B2、C1 类作业的计划，称为日补充计划。

在运营期间对设备进行临时抢修后，必须在停运后继续进行设备维修的 A1、A2、A3、B1、B2、C1 类作业的计划称为临时补修计划。

属于 B3 或 C2 类的作业，不需提报计划，施工作业负责人直接与车厂或车站联系，经车厂或车站同意后开始施工。

二、施工计划的管理

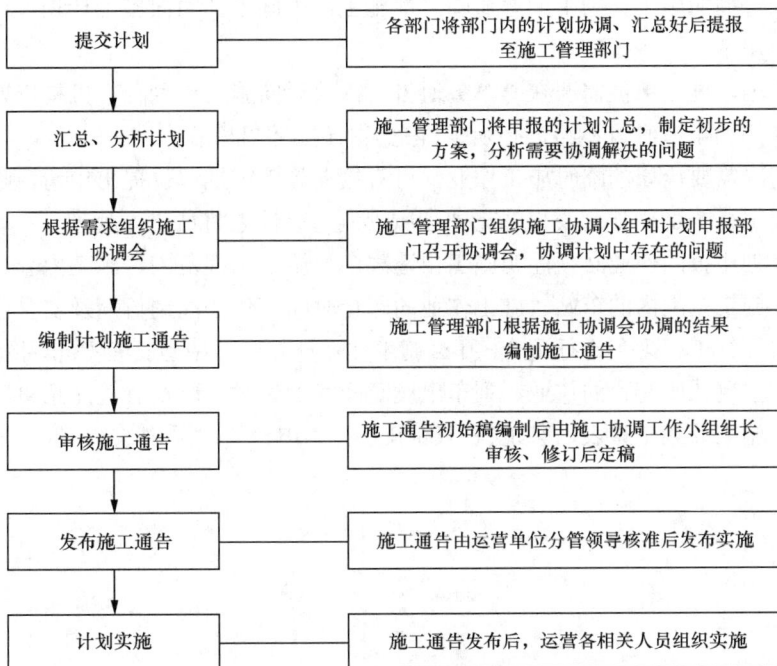

1. 施工计划管理机构

为加强施工计划的管理，成立了施工计划管理机构，下设有施工计划协调领导小组及工作小组。施工计划管理机构中的人员一般由运营单位分管领导以及运营单位下属各单位分管负责人组成，需明确领导小组和工作小组成员的职责和分工。

施工协调领导小组的职责：定期对施工工作的开展情况进行分析、总结，并有针对性地进行工作改进。

施工管理工作小组的职责：分工负责协调小组日常工作，负责本部门施工计划的汇总、申报、协调和传达，参加施工协调会议等。

2. 施工计划管理流程

为规范施工计划的申报、审批、下发和跟踪，需专门制定施工计划管理流程的规定。该规定必须明确各时间节点，便于按时完成施工作业可执行计划。图 6.1 所示为施工计划管理的基本流程。

提交计划	各部门将部门内的计划协调、汇总好后提报至施工管理部门
汇总、分析计划	施工管理部门将申报的计划汇总，制定初步的方案，分析需要协调解决的问题
根据需求组织施工协调会	施工管理部门组织施工协调小组和计划申报部门召开协调会，协调计划中存在的问题
编制计划施工通告	施工管理部门根据施工协调会协调的结果编制施工通告
审核施工通告	施工通告初始稿编制后由施工协调工作小组组长审核、修订后定稿
发布施工通告	施工通告由运营单位分管领导核准后发布实施
计划实施	施工通告发布后，运营各相关人员组织实施

图 6.1　施工计划管理的基本流程

3. 施工计划的编制原则

在施工计划的受理方面，施工计划管理机构应按照先重点后次要、先紧急后一般、先申请先安排的基本原则予以受理。对于影响大且在安全上重点控制的计划和一些重点施工等核心计划，应优先受理。

城市轨道交通每日运营时间长、夜间停运时间短，停运后的施工作业时间有限。施工计划的编制应当首先确保人员安全。在确保施工人员及设备安全的前提下，结合作业条件，首先按照资源是否共享原则安排，即合理利用各项资源，避免资源浪费；其次严格按照施工组织规定以及其他规定的行车组织、时间要求以及设备要求安排。施工计划的安排既要尽量满足施工作业在时间上的需求，又要确保施工作业不能对正常的运营造成影响。

（1）月、周施工作业计划的安排应在确保人员、设备安全的前提下，考虑均衡安排，避免集中作业。

（2）处理好列车的开行时间和密度、施工封锁等几方面的关系，避免抢时、争点现象发生。

（3）为方便施工单位作业，月、周施工作业计划内的各项作业应注明施工日期、作业起止时间、作业内容、作业区域、安全事项及其他应说明的问题（列车编组、行车计划、配合部门及详细配合要求、联系电话等）。

（4）经济、合理地使用机车车辆，避免浪费资源。

4. 施工计划的申报

在每月规定的时间内，由施工部门向施工计划管理机构提报施工计划申请单。施工计划管理机构根据月计划提报的情况，组织内部申报部门及相关施工单位人员参加施工协调会议，以审核计划。

在每周规定的时间内，施工计划管理机构在月计划的基础上统筹处理、合理安排，形成施工计划的"车务通告"文件，在施工统筹会上统一批复施工申请。

对于未列入每周的施工计划中的普通临时性施工，由施工部门向施工计划管理机构或施工作业审批单位提出申请。

由于特殊原因，施工单位需要在"车务通告"截稿后向施工计划管理机构申请施工，采用日补充计划形式（例如申请时日不够，必须延日完工的施工作业等）。

对于紧急情况需要抢修的临时施工作业，可直接向施工审批单位提出申请。临时补修计划适用于紧急抢修情况，不受周计划及日补充计划所限制，此计划将被优先处理。

各项施工计划申报的作业必须注明施工申请部门、施工工程范围、施工内容、施工负责人、施工作业人数、施工范围内的车站、施工作业的起止时间、作业注销日期及安全注意事项等。如果施工作业需要开行工程列车进行配合，那么施工作业计划中还应包括有关车辆编号、列车编组、配属段场、停车位置、所配合的作业、列车出发时间和到达时间以及有关注意事项。施工单位申请施工时需填写施工计划申请表，某地铁月/周施工计划申报样表见表 6.3。

表 6.3　　　　　　　　　　　　某地铁月/周施工计划申报样表

作业日期	作业部门	作业时间	作业内容	作业区域	供电安排	申报人	防护措施	备注
×月 ×日	××部 ××车间	×：××— ××：××	道岔巡检 维护	××站—— ××站上下 行线	无	×××	现场防护	

5. 施工计划的审批

施工计划的审批方式有以下两种：集中审批，各单位按照层级申报，逐层审核，最终召开施工协调会统一审批及确定施工计划安排或集中编制后，再按照专业审核；分散审批。安全性高及资源紧张的计划实行集中审批，其余计划按照分散审批。

审批完成后，以正式的施工行车通告文件下发各部门。各部门依据施工行车通告文件组织开展计划日期内的施工项目。为维护计划编制的严肃性，凡列入计划的施工项目，均应按期、按申报内容履行实施。对于因故不能实施的项目，施工负责人应在规定的时限内向施工作业审批单位提出注销申请。施工作业管理与审批表见表 6.4。

表 6.4　　　　　　　　　　　施工作业管理与审批表

施工作业类型	施工区域 管理单位	施工区域 管理人员	施工作业 审批单位	施工作业 审批人员
占用正线施工作业	车站	车站值班员	控制中心	行车调度员
车站公共区域施工作业	车站	车站值班员	车站	车站值班员
车站设备房间施工作业	车站	车站值班员	控制中心	电力或环控调度员
段场施工作业	段场信号楼	信号楼值班员	段场信号楼	信号楼值班员

三、施工作业令

凡在城市轨道交通企业所辖设备或所辖范围内进行的施工作业，原则上均必须持"施工作业令"或"外单位施工作业许可单"方可进场作业。其中编入施工月计划、周计划、日补充计划及临时补修计划的施工，都必须领取施工进场作业令。

1. 相关概念

（1）施工负责人

施工负责人是对施工作业的组织、安全和管理全面负责的人员，应为每项施工作业设置一个施工负责人，施工负责人严禁同时负责多项施工作业。

（2）主站

施工负责人持作业令到某个车站登记请点施工的车站称为主站（如果同一施工项目多站进行，其作业区含联锁站时，主站原则上为联锁站）。

（3）辅站

同一线路、同一施工项目多站进行时，施工责任人到其作业区域内包含的各站（除主站外）登记请点的车站称为辅站；同一施工项目安排的主站和辅站原则上不超过 6 个。

2. "施工作业令"

"施工作业令"是允许在运营公司对所管辖设备和在管辖范围内进行施工的一种凭证，见表 6.1。

（1）作业代码。填写此项作业在施工行车通告、施工行车通告补充说明、日补充计划表、临时补修计划中的作业代码，如 1A2-14-02、A1-01-02（临修）等。1A2-14-02 中，1 代表 1 号线，A2 表示此项作业的类别为 A2 类施工，14 表示为本月第 14 日的作业，02 表示当天该类作业的第 2 项工作安排。

（2）作业令号。[年份]签发部门×字（月份日期）—×号，其中"年份"以 4 位数填写；"签发部门"在"运营、车务、维修、通号、车辆"中选择填写；"×字"中的"×"为线别的阿拉伯数字号，如"1 字"代表 1 号线；"月份日期"分别以两位数（合计 4 位数）填写；"×号"中的"×"为当日该部门签发作业令的流水号，以阿拉伯数字顺序填写。例如，〔2018〕运营 1 字（1114）−02 号。

（3）作业单位、申报人及联系方式、作业名称、作业区域、作业日期、作业时间等栏必须如实填写。

（4）主要作业内容。应简要描述具体的作业内容、防护措施（不包括封锁、接挂地线）等，此栏由作业部门或监管部门填写。

（5）配合部门及要求。是指作业过程中需分公司内相关部门进行配合的要求，包括提供水、电源等资源，配合部门则按此栏内容进行配合。

（6）主站、施工负责人及联方式、辅站及责任人、作业人数。若一项作业有多组人从不同地点进入作业区域进行施工，则应分别如实填写主站、施工负责人及联系方式、辅站及责任人，并由施工负责人负责按规定统一办理相关施工手续；若作业只有一组人员作业，则只需在主站、施工负责人及联系方式栏如实填写即可。此 4 栏由作业部门或监管部门填写。

（7）签发人、发放人。签发人是指总调度所签发该"施工作业令"的人，此栏应盖分公司作业令签发专用章；发放人是指车间发放该"施工作业令"的人，此栏应加盖车间施工作业令发放专用章。

（8）施工区域出清情况。是指作业完成情况，包括设备情况（是否恢复正常）、人员物料等撤除情况（是否撤离）、地线撤除情况（撤除时间）等，此栏由施工负责人、施工责任人（辅站在"地线撤除情况"栏内直接画斜线）填写；无地线配合时在"地线撤除情况"栏画斜线。

（9）请点生效、销点生效。是指批准请点、销点的车站值班员、车场调度或相应区域管理人员，在车站该信息由车站值班员填写，在车场由车场调度员填写，在 OCC 或主变电所等由 OCC 调度员或主变电所值班员填写；配合作业令上不需要填写该信息。

（10）销令。批准人为当值车间生产调度员，销令时间由车间生产调度填写。

表 6.1 中的各项基本上涵盖了所有公司施工作业令的内容，虽然各公司会略有差别，但大体相同。

四、施工组织管理

由于城市轨道交通施工作业涉及面广，参与作业的人员较多，对次日的行车作业能够顺利安全进行有较大影响，因此必须加强施工组织管理。

1. 施工时间规定

（1）进场施工开始时间的规定

正线轨行区的作业或影响正线行车设备设施的作业必须待运营结束，且最后一班运营车离开作业区域后方可开始作业。需开车的作业在不影响运营的情况下可以提前将作业车组织到相应区域待令，待施工作业条件满足后，将其组织到作业区域开始作业；车辆段、车站及控制中心不影响正线行车和客运的作业可安排在白天运营时间段内进行。

（2）施工结束离场时间的规定

正线轨行区的施工作业必须在运营开始前结束，并需要预留一定的时间让行车人员和设备操作人员做运营前的检查，一般应于首列车开出时间的 30 min 前结束并销点；车辆段、车站及控制中心不影响正线行车和客运的作业可根据检修效果结束并销点。

某地铁施工时间的规定如下。

① 正线非需开车施工作业且作业区域内无回段车经过，应于首列车开出时间的 30 min 前结束并销点。

② 非开车作业但作业区域内有回段车经过。

a. 七宝站至小南门站上、下行线中的施工作业必须在首列车开出时间的 70 min 前结束并销点。

b. 小南门站至蓝天路站上、下行线中的施工作业必须在首列车开出时间的 90 min 前结束并销点。

③ 需开车的施工作业。

a. 七宝站至小南门站上、下行线中的施工作业必须在首列车开出时间的 70 min 前结束并销点。

b. 小南门站至蓝天路站上、下行线中的施工作业必须在首列车开出时间的 90 min 前结束并销点。

④ 遇上述情况又同时需停电配合挂地线时，施工作业必须在上述作业时间的基础上提前 30 min 结束。

2. 施工组织

（1）确定施工负责人

为方便管理和作业的安全实施，每项作业必须指定专人担任施工负责人，施工负责人的职责是负责作业人员和设备的管理、办理请销点手续、作业过程的组织指挥和安全管理等。施工负责人的任职条件：必须熟知运营单位的行车规定和施工的相关规定；熟悉该项作业的性质、内容、方法、步骤、要求等；具备该项作业相关的安全知识和技能；相关专业培训考试合格并持有证书。

（2）施工人员进出站规定

① 为不延误施工作业时间，能在施工条件满足后及时作业，要求规定施工负责人持施工凭证在规定施工开始时间前到达车站或相关作业地点，按规定程序办理施工作业手续，一般要求提前 30 min 到达。

② 遇特殊情况施工人员需在收车后进入车站的，施工负责人必须提前与车站预约，说明原因并确定进站时间和出入口。车站做好记录，根据预约时间、地点放行。

（3）施工请点及销点

施工作业必须在向行车调度员或段（场）调度员请点生效后方可开始动工，施工完毕后线路出清必须向行车调度员或段（场）调度员销点。

① 请点。

请点是指施工人员到达作业地点后，经过管辖单位确认准许的过程。施工负责人必须在规定时间内、在规定的作业地点现场管理单位登记请点，在主站请点时需持"施工作业令"原件或复印件，在辅站请点时可持"施工作业令"复印件。施工负责人到车站控制室或段（场）信号楼填写"施工登记表"请点，经行车调度员或段（场）调度员同意，请点生效后方可施工。如遇作业区域同时包含段（场）线路和临近段（场）的正线，则施工负责人到段（场）信号楼值班员处请点，段（场）调度员在审核批准该项施工作业时，还必须电话告知行车调度员，征得同意后，方可允许施工作业人员开始施工。运营期间临时抢修计划的请点规定是：抢修施工负责人接到抢修的命令后，直接赶赴车站控制室或段（场）信号楼，车站值班员或段（场）信号楼值班员登录系统，看到经行车调度员或段（场）调度员批准的可以施工的施工登记后，通知抢修施工负责人进入抢修地点抢修。

需要注意的是，施工作业令是施工请点、销点的凭证，已签发作业令的作业方可在车站行车值班员或段（场）信号楼值班员以及行车调度员或段（场）调度员的工作页面上显示，并可进行请、销点工作。

② 销点。

销点是指作业结束后，设备恢复到正常状态，经管辖单位验证后允许离开的过程。所有施工作业都必须按计划规定的时间完成并销点，运营期间的抢修计划在作业完成并且线路出清后应及时通知行车调度员或段（场）调度员销点。作业区域同时包含段（场）线路和正线的施工销点，施工负责人在作业区域出清后，到段（场）信号楼销点，段（场）调度员在办理销点手续时必须报告给行车调度员施工已结束。

特别注意需异地销点时，施工负责人、责任人应该在车站施工登记表备注栏中注明异地销点的地点和人数。登记施工作业的车站要及时通知异地销点的车站值班员。当施工作业结束后，施工负责人向登记的销点站登记销点，销点站经与施工负责人核对销点的施工内容、施工人数、地点，并向请点站核对无误后，准予销点。请点站负责向行车调度员报告已销点。

（4）有关配合作业的基本要求

在地铁施工有很多作业需要相关单位配合，为规范配合的秩序，必须制定严格的配合规定。下面是某地铁公司关于配合的规定。

① 需配合的作业，作业前主动与配合单位联系，说明配合相关事宜。

② 配合单位必须严格按要求进行配合。

③ 需其他单位配合的作业，作业单位必须在规定的时间内办理手续，无特殊情况超过 30 min 的，视作该项作业取消，配合单位有权拒绝进行配合。

④ 需其他单位配合作业的施工，在进行相关作业时，应加强与配合单位的联系，并做好安全防护工作。

任务评价

任务评价表

学习内容	项目六　施工组织及管理		姓名	
	任务一　施工组织		学号	
评价要素			分值	考核得分
（1）能够识别施工计划的类别			10	
（2）能够根据施工作业办理登记请点和销点手续			20	
（3）能够按照规定填写施工作业令			20	
（4）能与组员协作、高质量完成学习汇报			20	
（5）能专注听取同学的汇报			20	
（6）能虚心接受老师或同学的评价			10	
总体得分			100	
教师评语：				

任务二　施工安全管理

任务要求

某日夜间某施工单位按施工计划要求进行施工作业，施工作业过程中需做好哪些防护措施，遵守哪些安全要求？

通过本任务的学习，能正确设置施工安全防护，能遵守施工安全管理规定。

施工安全管理

任务实施

城市轨道交通系统施工作业的一个重要内容是对施工区域进行安全防护，确保施工作业人员的人身安全。城市轨道交通施工事故很多是由于施工防护疏漏造成的，因此施工安全防护必须有严格的规定。

一、施工防护

施工防护是指为保证施工作业过程的安全所设置的各种防范措施。

（1）挂地线防护

接触网停电检修或需接触网停电挂地线时，必须由具备接触网挂地线资质的人员负责在该作业地段两端的接触网上挂地线。

（2）在正线线路上施工的防护

在站内未封锁的线路上施工时，需要在车站两端头轨道内设置红闪灯防护。未封锁的站内线路施工防护如图 6.2 所示。

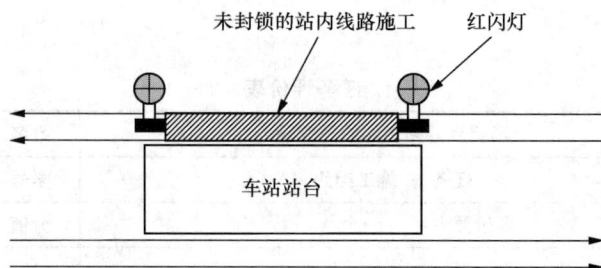

图 6.2 未封锁的站内线路施工防护图

在区间未封锁的线路上施工时，需要在作业区域两端设置红闪灯防护。未封锁的区间线路施工防护如图 6.3 所示。

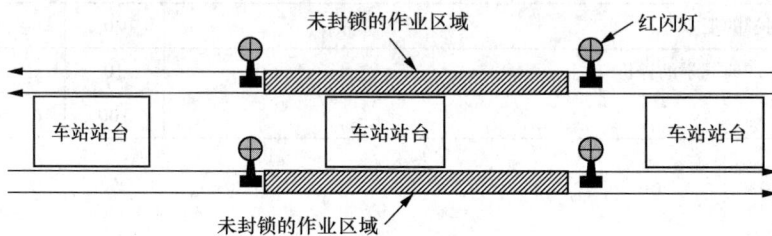

图 6.3 未封锁的区间线路施工防护图

在区间封锁的线路上施工时，需要在该区间的两端车站的站台端头处放置红闪灯防护，若全线封锁则无须设置防护。封锁的作业区域线路施工防护如图 6.4 所示，跨越站内站间封锁的作业区域线路施工防护图如图 6.5 所示。

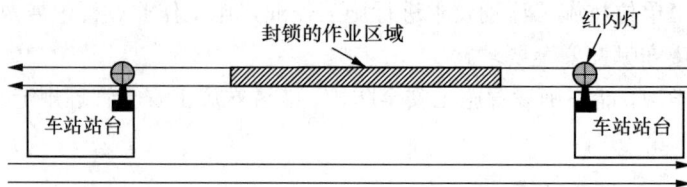

图 6.4 封锁的作业区域线路施工防护图

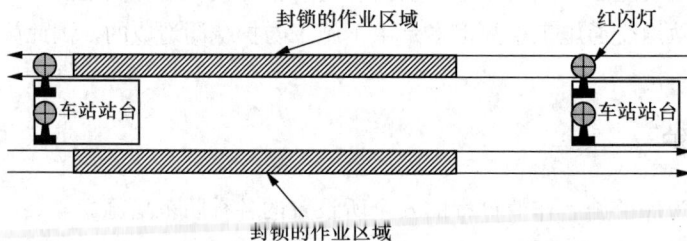

图 6.5 跨越站内站间封锁的作业区域线路施工防护图

（3）在车辆段内线路上施工的防护

在车辆段内线路上施工时，应在距施工地点两端各 50 m 处的线路中心设置移动停车信号牌防护。在车辆段内线路上设置移动停车信号牌示意图如图 6.6 所示。

在道岔上施工时，应设置移动停车信号牌防护。在道岔区段线路上设置移动停车信号牌示意图如图 6.7 所示。

在复式交分及双渡线道岔上施工时，应设置移动停车信号牌防护。在复式交分道岔区段线路上设置移动停车信号牌示意图如图6.8所示。

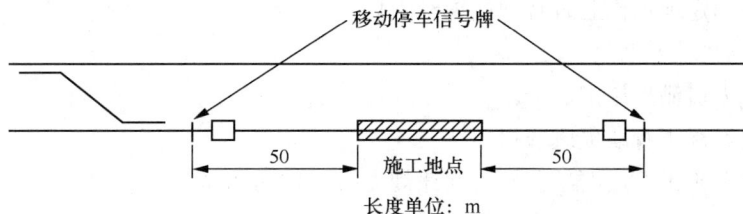

图 6.6 在车辆段内线路上设置移动停车信号牌示意图

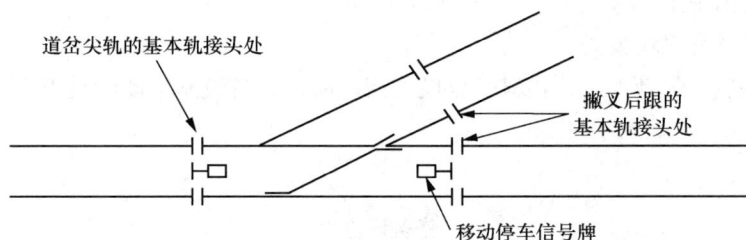

图 6.7 在道岔区段线路上设置移动停车信号牌示意图

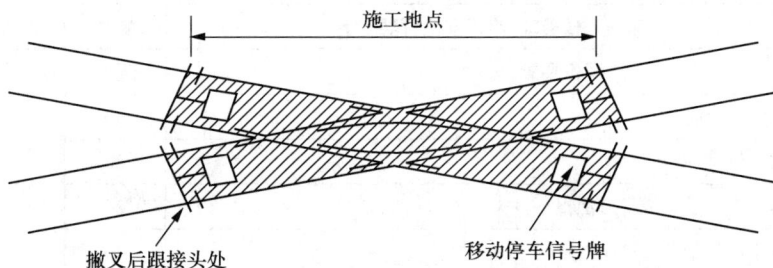

图 6.8 在复式交分道岔区段线路上设置移动停车信号牌示意图

施工地点距邻线较近,有危及行车或人身安全的可能时,应指定专人对邻线来车进行监视。

二、施工安全管理

(1)组织正线开行调试列车时,原则上正线中不安排其他轨行区作业。

(2)凡参与线路施工作业的人员必须按要求穿荧光衣和绝缘鞋,并根据作业性质及作业要求使用其他安全防护用品。

(3)施工作业过程中如要进行动火作业,则必须按照《消防安全管理办法》办理动火令及作业,严禁在无动火令的情况下进行动火作业。

(4)外单位施工由主办部门或主配合部门负责安全管理、安全监督工作。

(5)各施工单位、部门在申报施工计划时应严格按照《地铁公司生产安全事故(事件)调查处理规则》《作业通用安全守则》中的相关规定,结合施工作业过程中的实际情况,提出安全防护要求和配合要求。在施工作业过程中,施工单位、部门应严格遵守以上安全规定和施工进场作业令中的要求。

(6)现场作业"五必须"。

① 进入轨行区必须穿荧光衣。

② 登高作业必须系好安全带。

③ 挂拆地线必须穿绝缘靴、戴绝缘手套。

④ 高空作业或高空可能有坠物时必须戴安全帽。

⑤ 在轨行区固定地点作业时必须放置红闪灯。

（7）作业现场"七严禁"。

① 严禁施工人员酒后施工。

② 严禁工器具标识有缺失或磨损。

③ 在侧式站台施工时，严禁在站台间违规抛接、传递物品。

④ 施工过程中，严禁施工负责人离场。

⑤ 严禁超范围施工。

⑥ 严禁清场时乱扔垃圾。

⑦ 施工结束后，严禁人员、物料、垃圾不清，所动设备设施不能满足正常销点要求。

任务评价

任务评价表

学习内容	项目六　施工组织及管理		姓名	
	任务二　施工安全管理		学号	
评价要素			分值	考核得分
（1）能正确设置施工安全防护			30	
（2）能遵守施工安全管理规定			20	
（3）能与组员协作、高质量完成学习汇报			20	
（4）能专注听取同学的汇报			20	
（5）能虚心接受老师或同学的评价			10	
总体得分			100	
教师评语：				

复习思考

1. 施工计划如何分类？

2. 施工时登记请点的规定是什么？

3. 施工时销点的规定是什么？

4. 施工进场作业令中包含哪些内容？

5. 施工时应做好哪些安全防护工作？

项目七
行车事故分析及处理

知识地图

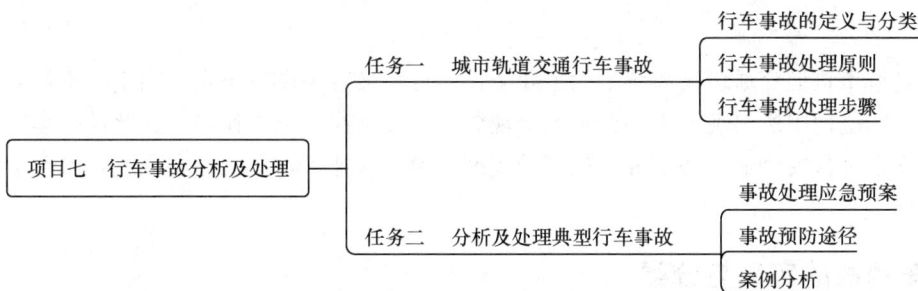

项目七 行车事故分析及处理

任务一 城市轨道交通行车事故
- 行车事故的定义与分类
- 行车事故处理原则
- 行车事故处理步骤

任务二 分析及处理典型行车事故
- 事故处理应急预案
- 事故预防途径
- 案例分析

学习目标

知识目标
- 能区分行车事故的类别。
- 能说出行车事故处理原则和处理步骤。
- 能陈述事故报告流程。
- 能理解应急预案的级别、类型及内容。
- 能复述事故预防的过程及途径。

能力目标
- 会分析行车事故所属类别。
- 能分析事故原因，并对其进行讨论。
- 能对事故进行责任判定。
- 能够进行事故报告。

项目导学

城市轨道交通作为大容量的公共交通，其运营安全直接关系到广大乘客的安全，在整个运营安全中行车安全占据着重要地位。因此，城市轨道交通必须按照有关规定行车，不得违规操作，防止行车事故的发生；一旦不可避免地发生事故，就要及时准确地做好事故通报工作及现场应急处理工作，减少事故造成的损失；事后要对事故进行分类，分析事故发生的原因，吸取教训；制定相应的防范措施，防止事故再次发生。

通过本项目的学习，读者能够了解行车事故的分类与等级划分；掌握行车事故报告流程；理解行车事故处理原则；掌握事故处理应急预案及预防；了解事故预防途径；能够对行车事故进行分析及处理。

任务一　城市轨道交通行车事故

📖 任务要求

通过本任务的学习，能区分行车事故的类别；能够根据行车事故处理原则和处理步骤进行责任判定。

✏️ 任务实施

行车工作是城市轨道交通运营系统中的主要工作，也是最容易产生不安全因素的工作环节。城市轨道交通运营过程中所出现的大部分不安全现象大多发生在行车工作中。因此，行车工作安全是城市轨道交通运营安全的核心部分。从某种程度上说，保证了行车工作安全就是保证了城市轨道交通运营安全。

一、行车事故的定义与分类

1. 行车事故的定义

凡在行车工作中，因违反规章制度、违反劳动纪律或因技术设备不良及其他原因而造成人员伤亡、设备损坏，影响正常行车或危及行车安全的，均为行车事故。

2. 行车事故的分类

由于我国各城市的地铁系统在设备、规章上并没有完全统一，因此我国城市轨道交通系统没有统一的行车事故分类标准。借鉴铁路的行车事故分类标准，以部分城市轨道交通系统为例，行车事故按照事故的性质、损失及造成的影响，分为特别重大事故、重大事故、较大事故、一般事故。

（1）特别重大事故。在运营工作中，造成下列后果之一的为特别重大事故。

① 人员死亡 30 人及以上。

② 人员重伤 100 人及以上。

③ 直接经济损失 1 亿元以上。

④ 特别重大火灾。

（2）重大事故。在运营工作中，造成下列后果之一的为重大事故。

① 人员死亡 10 人以上、30 人以下。

② 人员重伤 50 人以上、100 人以下。

③ 中断正线运行 6 小时以上。

④ 直接经济损失 5 000 万元以上。

⑤ 较大火灾。

行车事故分类及处理原则

（3）较大事故。在运营工作中，造成下列后果之一的为较大事故。

① 人员死亡 1 人以上、10 人以下。

② 人员重伤 10 人以上、50 人以下。

③ 中断正线运行 3 小时以上、6 小时以下。

④ 直接经济损失 1 000 万元以上。

⑤ 一般火灾。

（4）一般事故。一般事故按事故损害程度或造成的影响程度分为 A、B、C、D 四类。

① 一般事故 A 类是事故性质严重，但造成的损害后果不够较大事故条件且符合下列条件之一的。

- 员工轻伤 1 人以上。
- 员工重伤 1 人以上或轻伤 5 人以上。
- 责任乘客重伤 3 人以上或轻伤 10 人以上。
- 直接经济损失 100 万元以上。
- 中断正线行车 1 小时以上。
- 正线列车冲突。
- 正线列车脱轨。
- 正线列车分离。
- 正线挤岔。
- 正线列车非法逆行。
- 未经批准，向占用区间发出列车。
- 未经批准，向占用线接入列车。
- 正线列车、工程车、车辆溜走。
- 正线列车运行中，因设备设施超限、车辆超限、装载货物列车超限、装载货物掉落、车辆部件脱落等而造成地铁设备损坏，全部或部分退出运行的。
- 轨行区内设备（如消防水管、接触网、屏蔽门等）、存放的维修工器具或施工后遗留的物品等侵限线路或与列车相碰撞的。
- 列车运行中，齿轮箱、抗侧滚扭杆、牵引电机、空压机和牵引机、制动电气箱等车辆重要部件脱落的。
- 无驾驶资格的人员操纵列车。
- 列车运行时擅自切除车载安全防护装置。
- 列车错开车门。
- 列车运行时开启车门。
- 正线供电系统误停、送电。
- 排水不畅造成积水漫过轨道。
- 未按规定撤除放在钢轨上的工器具或防护设备。
- 正线走行轨由轨头到轨底贯通断裂。
- 乘客在隧道内疏散。
- 正线接触网塌网。
- 运营时间内未经批准进入隧道内行走或隧道内施工作业未进行请、销点。

- 其他（经运营分公司安全管理委员会决定列入本项的）。

② 一般事故 B 类是造成下列后果之一，但损害后果不够一般事故 A 类条件且符合下列条件之一的。

- 员工轻伤 1 人以上，任乘客重伤 1 人以上或轻伤 5 人以上。
- 直接经济损失 10 万元以上。
- 中断正线运行 30 min 以上。
- 首班列车晚开 30 min 以上。
- 正线发生起火冒烟危险，致使消防车出动现场扑救火灾。
- 列车夹人动车。
- 未经批准，列车载客进入辅助线或基地线。
- 隧道内设备位移侵限。
- 基地线调车冲突。
- 基地线调车脱轨。
- 基地线调车挤岔。
- 正线列车冒进信号。
- 基地线接触网塌网。
- 未办或错办列车手续并发车。
- 基地线机车车辆未撤除止轮设施的开车。
- 基地线列车运行中，因设备设施超限、车辆超限、装载货物超限、装载货物掉落、车辆部件脱落等而损坏地铁设备。
- 基地线接触网供电系统发生错误停、送电。
- 正线临时限速运行 120 min 以上或造成列车运行晚点 5 min 以上。
- 控制中心调度有线和无线通信系统全部中断 10 min 以上。
- 设备设施故障、操作流程失误或火灾等情况造成车站非正常封站或限流 120 min 以上。
- 错发、错收、错传或漏发、漏收、漏传行车调度命令。
- 非运营时间内未经过批准进入隧道内行走或隧道内施工作业未进行请、销点。
- 运营时间内屏蔽门非正常开启致使人员、物品跌落至轨行区或造成不良社会影响。
- 擅自变更施工作业计划或扩大作业范围。
- 运营时间内系统设备子系统完全瘫痪 1 h 以上。
- 其他（经运营分公司安全管理委员会决定列入本项的）。

③ 一般事故 C 类是造成下列后果之一，但损害后果不够 B 类条件且符合下列条件之一的。

- 直接经济损失 5 万元以上。
- 列车救援时间 30 min 以上。
- 列车夹物行车"三站两区间"以上。
- 隧道内消防水管爆裂跑水。
- 非正线发生起火冒烟危险，致使消防车出动现场扑救。
- 无操作资格或无调度命令或错误操作行车、供电等重要设备。
- 运营期间，车站正常照明设备全部熄灭 30 min 以上。
- 控制中心调度有线或无线通信系统中断 60 min 以上。

- 事故的监控录音或录像资料缺失。
- 基地线内施工作业未进行请、销点。
- 基地调车冒进信号。
- 施工作业未按要求设置或撤除安全防护装置。
- 运营时间内设备子系统瘫痪影响单个车站运营服务 2 h 以上。
- 未经批准关闭屏蔽门等防灾设备。
- 其他（经运营分公司安全管理委员会决定列入本项的）。

④ 一般事故 D 类是造成下列后果之一，但损害后果不够 C 类条件且符合下列条件之一的。

- 直接经济损失 1 万元以上。
- 需要列车救援。
- 未经批准，应停列车在站通过或通过列车在站停车进行乘降作业。
- 运营期间，车站正常照明设备全部熄灭 10 min 以上。
- 控制中心调度有线或无线通信系统之一中断 10 min 以上。
- 其他施工作业未进行请、销点。
- 人工准备进路手摇道岔超过 30 min。
- 未经批准，超出设备限界安装设备。
- 未经批准改变供电、信号、轨道、通信、消防系统技术参数或运行模式。
- 危及人身安全和行车安全的隐患未采取临时防护措施。
- 其他（经运营分公司安全管理委员会决定列入本项的）。

出入基地线及连接正线的辅助线发生事故时参照正线事故处理，其他辅助线发生事故时参照基地线事故处理。

二、行车事故处理原则

通常来说，行车事故处理要遵循以下原则。

（1）以"安全第一，预防为主"为安全生产方针，各级领导要把安全工作当作首要任务去抓，加强对员工的安全管理和安全思想教育；强化员工安全意识；规范劳动纪律和作业纪律，教育员工自觉执行各项规章制度。

（2）做好员工技术培训，提高其技术业务水平。加强安全检查，及时消除各类安全隐患。做好设备维修保养，提高设备质量。深入开展增产节约运动和安全正点、优质服务的竞赛活动，确保地铁能安全运营。

（3）发生行车事故时，要积极采取措施，迅速抢救，尽快恢复运营，尽量减少损失。

（4）事故发生后，要按照"四不放过"的原则（即事故原因分析不清不放过，事故责任者没有严肃处理不放过，广大职工没有受到教育不放过，没有制定防范措施不放过）处理事故，找出原因，分清责任，吸取教训，制订措施，防止同类事故再次发生。

（5）对事故责任者，应根据事故性质和情节给予其严肃的批评教育、经济处罚，甚至纪律处分、法律制裁。事故性质严重的要逐级追究领导责任。

（6）对事故分析处理拖延、推脱责任、姑息纵容、隐瞒不报或不如实反映事故情况者，应予以严肃批评教育和纪律处分。

三、行车事故处理步骤

行车事故的完整处理主要分成以下四个步骤，如图7.1所示。

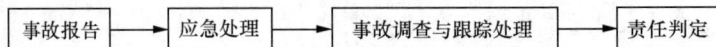

事故报告 → 应急处理 → 事故调查与跟踪处理 → 责任判定

图7.1 行车事故的完整处理步骤

1. 事故报告

事故发生后，各相关单位人员应按规定程序要求立即进行报告，事故报告程序及规定如下。

（1）发生各类事故时，有关人员按事故报告流程图的规定进行报告，行车事故报告流程如图7.2所示。

① 如果发生在车站，则由车站行车值班员或现场人员立即向行车调度员报告。

② 如果发生在车辆基地，则由事发归属部门生产调度员（车务部门为车厂调度员、物资部为值班员）或现场人员立即向行车调度员报告。

③ 如果发生在区间，则由司机或现场工作人员立即向行车调度员或通过车站行车值班员向行车调度员报告。

④ 供电系统发生影响运营的故障时，由现场值班人员立即向电力调度员报告，电力调度员接到报告后立即报告给主任调度员，并向行车调度员通报。

（2）按就近处理原则，发生立即需要外部支援的运营事故（如火灾、爆炸、人员伤亡等）时，采取如下措施。

① 现场人员有条件时应立即拨打110、120。

② 控制中心当值人员接到报告后立即拨打110、120。

③ 控制中心接到报告后视情况通知市有关部门。控制中心所通知的市有关部门是指应急指挥中心、市交通局、市公安局、市急救中心等政府组织机构，由调度主任决定通知范围或执行分公司领导指示，各生产部门调度员负责向部门相关人员进行通报。

（3）发生影响运营的事故时由控制中心根据接报情况填写事故上报单，并将内容口头上报，报告后要进一步了解事故情况，及时补填事故上报单，其他事故由责任部门填报。

（4）符合一般事故A类及以上事故特征的事故发生后，相关部门要立即将事故上报单填写完整并报分公司领导、安全技术部；符合一般事故A类以下事故特征的事故，相关部门要将事故上报单填写完整，在事故发生后6 h内报分公司领导、安全技术部，其中原件由安全技术部存档。

（5）事故上报单中的内容如下。

① 报告人姓名、单位。

② 发生时间（月、日、时、分）。

③ 发生地点（基地、车站、区间、百米标和上、下行线）。

④ 列车车次、车组号、关系人员姓名、职务。

⑤ 事故、人员伤亡、设备损坏概况及对运营的影响。

⑥ 是否需要支援。

⑦ 是否影响邻线运行。

⑧ 其他必须说明的内容及要求。

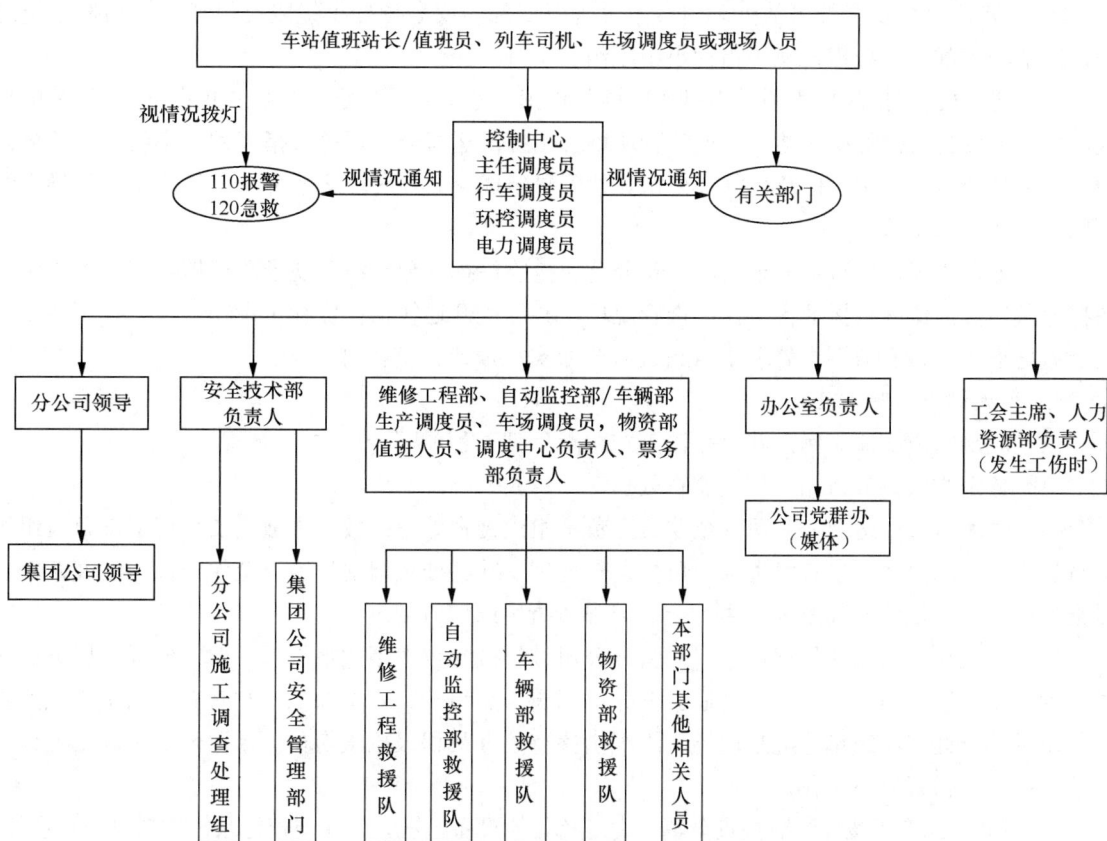

图 7.2 行车事故报告流程

2. 应急处理

（1）运营事故的抢险指挥组织

运营事故的抢险指挥组织自低向高分为三个层级：事故处理主任、抢险指挥小组、运营分公司抢险指挥领导小组及现场总指挥。运营事故的抢险指挥组织的下一级必须服从上一级的指挥，并向上一级报告抢险工作。

（2）运营事故的抢险指挥

① 事故处理主任。在抢险指挥小组到达现场前，现场抢险指挥工作由事故处理主任负责，事故处理主任按以下办法自然产生。

a. 直接影响到行车组织、客运服务及线路施工的事故。若事故发生在区间内，由涉及列车的司机担任；若事故区间临近车站值班站长（或站长）到达事故现场后，则由该值班站长（或站长）担任；若事故发生在车站或车辆段（场）内，则由值班站长（或站长）或车场调度员担任。

b. 未直接影响到行车组织、客运服务及线路施工的事故，由管辖责任部门当班组长或工段长担任现场事故处理主任。

② 抢险指挥小组。抢险指挥小组到达现场后，现场的抢险指挥工作由抢险指挥小组组长负责，抢险指挥小组组长及副组长按以下办法自然产生。

a. 涉及行车安全的事故处理时，由客运部安全领导小组成员担任现场指挥小组组长，其他相关部门领导担任现场指挥小组副组长。

b. 未涉及行车安全的事故处理时，由设备所属部门安全领导小组成员担任现场指挥小组组长，其他相关部门领导担任现场指挥小组副组长。

③ 运营分公司抢险指挥领导小组及现场总指挥。初步判定为可造成重大事故、较大事故的事故，由运营分公司抢险指挥领导小组负责现场总指挥，运营分公司抢险指挥领导小组由运营分公司安全委员会主任、副主任及运营分公司其他领导组成。必要时，运营分公司抢险指挥领导小组可以指定现场总指挥。

事故处理主任、抢险指挥小组、运营分公司抢险指挥领导小组及现场总指挥，其任务是负责指挥抢救伤员，做好救援准备工作；查看现场，并尽快开通线路；保存可疑物证，查找事故见证人，做好记录，待事故调查处理小组到达后要如实汇报或移交资料。

3. 事故调查与跟踪处理

以某城市轨道交通为例，其事故调查与跟踪处理过程如下。

（1）特别重大事故按相关规定调查处理。

（2）重大事故由运营分公司安全委员会负责组织调查处理；较大事故由安全保卫部负责组织调查处理；一般事故由事故发生部门负责调查处理，并将处理情况报给安全保卫部；涉及两个及以上部门并有争议的一般事故，由安全保卫部负责组织调查处理。

（3）重大事故调查和处理程序。运营分公司领导接到重大事故报告后，要立即成立以分公司总经理或副总经理为组长、轨道交通公安分局局长为副组长、安全保卫部和有关部门负责人为组员的事故调查处理小组迅速赶赴现场，组织指挥有关人员积极抢救伤员，采取一切措施迅速恢复运营。同时，做好以下工作。

① 保护、勘查现场，详细检查车辆、线路及其他设备情况，做好调查记录。绘制现场示意图、摄影录像，如技术设备破损或发生故障时，应保存其实物。

② 若事故地点的线路破坏严重，无法检查线路质量，则应对事故地点前后不少于 50 m 的线路进行测量，以作为衡量事故地点线路质量的参考依据。

③ 对事故关系人员分别调查，由其本人写出书面材料。

④ 检查有关技术文件的编制、填写情况，必要时将抄件附在调查记录内。

⑤ 提高警惕，注意是否有人为破坏的迹象。

⑥ 必要时召开事故调查会。

⑦ 根据调查结果初步判定事故原因及责任，及时向分公司安全委员会汇报。

行车事故具体处理程序如图 7.3 所示。

4. 责任判定

（1）事故责任判定的原则：以事实为依据，以规章为准绳。

（2）运营事故责任按责任程度分为全部责任、主要责任、同等责任、次要责任、一定责任和无责任，按责任关系分为直接责任、间接责任。

（3）设备（包括零、配件）质量不良造成事故时，应根据设备的质量保证期、使用寿命和损坏情况来分析事故原因，判定责任单位。判明产品供应者有责任的，定为产品供应者责任。设备的所属部门或管理部门，对设备原因造成的事故不认真分析、查不出原因的，定为该部门责任事故。

（4）发生的事故涉及两个以上单位，若双方推脱，不认真配合调查、分析事故时，由事故调查小组裁处。

（5）事故发生部门不认真组织事故调查分析、调查资料不全，非责任事故依据不足的定为发生部门的责任事故。

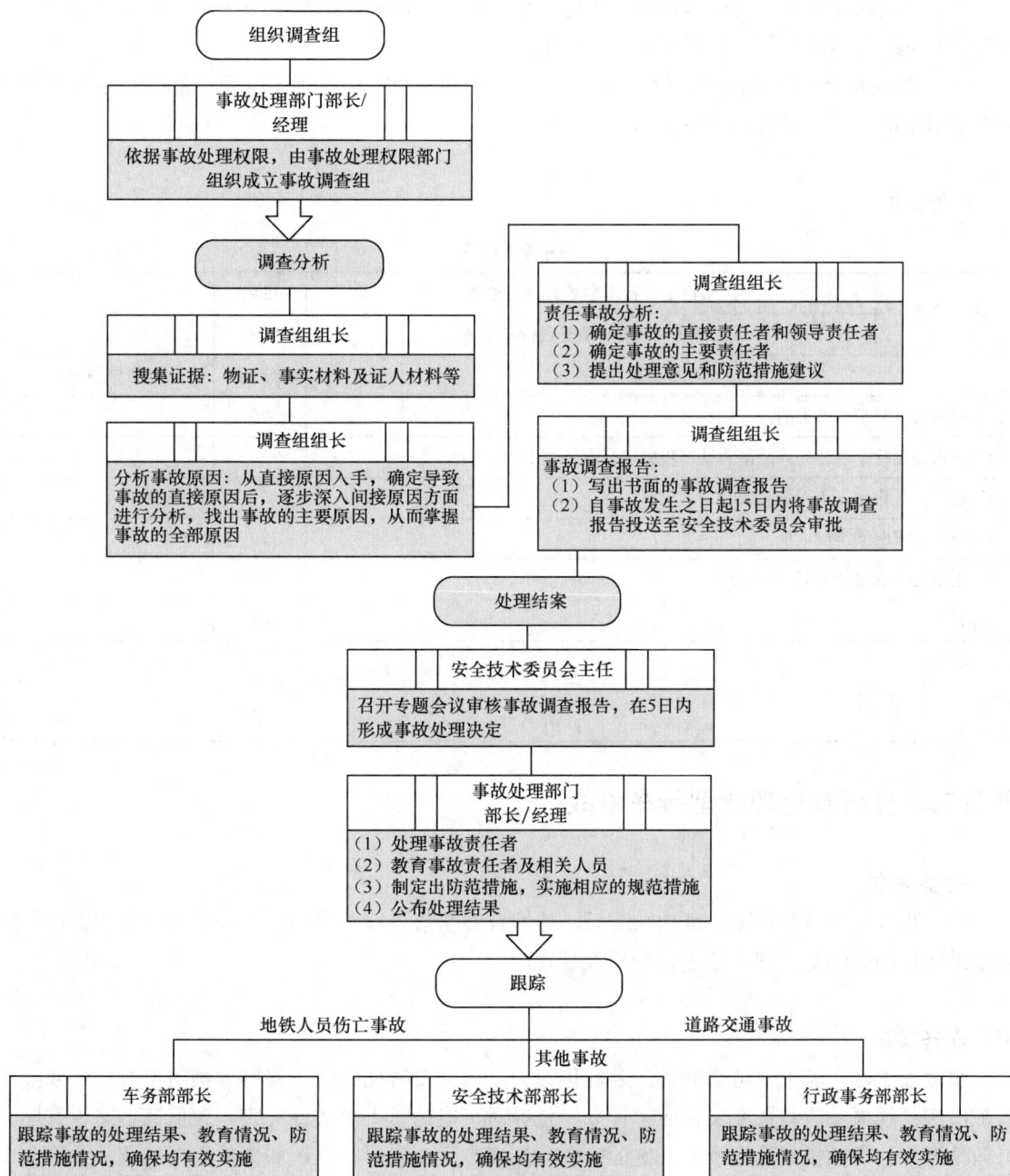

图 7.3　行车事故具体处理程序

（6）因轨道交通设备的施工、维修而造成的运营事故，定为施工维修承包单位的责任事故。凡因货物装载不良造成的事故，均定为装载部门的责任事故。

（7）城市轨道交通运营企业外部单位责任事故列为其他事故。

（8）因设备质量等原因而造成的事故一律统计在该部门的事故中，能确定责任的列为责任事故；若不能确定为城市轨道交通运营企业责任，则列为该部门其他事故。

（9）经公司批准的技术革新、科研项目进行试验时，在规定的试验期内，被试验的项目发生的事故，不列入运营责任事故。但因违反操作规程引起的事故以及其他人为事故仍列为责任事故。凡已经正式投入使用的各种技术设备发生运营事故时，一律列入运营事故。对于非责任事故，事故发生单位统计事故件数，但不影响安全成绩。

（10）各级安全部门负责对运营事故定性定责，上级安全部门发现下级安全部门对运营事故的定性定责不准确时，有权加以纠正。

任务评价

任务评价表

学习内容	项目七　行车事故分析及处理		姓名	
	任务一　城市轨道交通行车事故		学号	
评价要素			分值	考核得分
（1）能区分行车事故的类别			20	
（2）能够根据行车事故处理原则和处理步骤进行责任判定			30	
（3）能与组员协作、高质量完成学习汇报			20	
（4）能专注听取同学的汇报			20	
（5）能虚心接受老师或同学的评价			10	
总体得分			100	
教师评语：				

任务二　分析及处理典型行车事故

任务要求

学习事故处理应急预案及事故预防后，能够针对事故进行不同的分类，了解预防的途径，能够根据所给的案例对行车事故进行分析及处理。

任务实施

事故发生时，城市轨道交通员工若能迅速、高效、妥善地处置，将有效预防事故发生或减少事故造成的损失。应急预案又称应急计划，是针对可能的重大事故或灾害，为保证迅速、有序、有效地开展应急救援行动而预先制定的有关计划或方案。它是在辨识和评估潜在的重大危险、事件类型、发生的可能性、发生过程、事故后果及影响程度的基础上，为应急机构、人员、技术、装备、设施、行动方案以及救援行动的指挥与协调等方面预先做出的具体安排。它明确了在突发事件发生前、发生过程中以及刚结束之后，谁负责做什么、何时做以及相应的策略和资源准备等，是应急救援准备工作的核心内容。

一、事故处理应急预案

应急预案是针对各种可能发生的事故或突发事件所需的应急行动而制定的指导性文件，是应急救援系统的重要组成部分。其目的是指导应急行动按计划有序进行，防止因行动组织不力或现场救援工作的混乱而延误事故的应急救援，从而减少人员伤亡和财产损失。

1. 应急预案的制定

应急预案的制定应该分层次、分级别进行。

（1）城市轨道交通特大事故和突发事件应急救援预案应由当地政府组织制定。当地政府应组织城市轨道交通运营单位、公安、消防、供电、通讯、供水、交通和医疗等单位建立统一和完善的灾害救援指挥机构和抢险救灾体系，制定故障、火灾、爆炸、化学恐怖袭击、灭火抢险救灾等应急处理工作预案。

（2）城市轨道交通运营单位应急预案。城市轨道交通运营单位应组织制定运营机构应对轨道交通事故和突发事件的应急救援预案。该预案应遵循统一指挥、逐级负责、快速反应、配合协同的原则。该应急预案还要包含以下子预案。

① 控制中心应急处理预案（调度指挥预案）。城市轨道交通运营单位应组织制定控制中心应急处理预案，该预案应规定控制中心各调度岗位人员在运营组织过程中，遇到各类突发事件时的应急处理程序。

② 城市轨道交通车站应急处理预案。城市轨道交通运营单位应组织制定车站应对各类事故和突发事件的应急处理预案。车站现场应急处理预案均应遵循及时报警、疏散乘客、抢救伤员的原则，周密制定相关岗位的职责、工作流程和设施器材配置标准及操作规程。

③ 车站其他预案。为确保城市轨道交通运营安全，除火灾应急预案外，运营单位还应制定毒气、爆炸、劫持人质等突发事件应急预案。

④ 车务安全应急处理预案。城市轨道交通运营单位应组织制定车务安全应急处理预案，该预案应规定车站、客车司机及车厂行车有关人员对乘客服务、行车组织、调车作业等工作中可能发生的各种紧急事件、事故的处理程序。

⑤ 乘客疏散预案。发生火灾等突发事件需要疏散乘客时，各岗位工作人员应密切配合、协调动作，根据指挥进行乘客疏散作业。

2. 应急预案的基本内容

各应急预案在制定时应明确以下内容：

（1）运营单位抢险指挥领导小组的人员组成和职责，抢险指挥领导小组应负责抢险救援的组织、决策，并指挥各部门实施各自的应急预案，尽快恢复轨道交通运营；

（2）抢险信息的报告程序，应遵循迅速、准确、客观和逐级报告的原则；

（3）现场处置过程中各部门的组织原则及相关职责；

（4）不同事故情况下的抢险救援策略和人员疏散方案；

（5）提供救援人员、通信、物资、医疗救护和生活保障的方案。

3. 应急预案的分类

应急预案针对事故的不同可以分为三种：故障应急预案、事故应急预案、突发事件应急预案。应急预案的分类如图7.4所示。

4. 应急预案的使用

应急预案在编制完成后，应注意预先让工作人员熟悉和演练。首先，应急预案必须及时发放给相关工作人员，包括应急处置指挥人员、参与应急处置人员、可能与事故直接有关的人员、可能会受到事故影响的人员；其次，应急预案必须通过模拟演练与培训来强化。应急预案中规定的救援办法通常都需要多单位、多部门的相关人员配合使用，因此应急预案在被编制完成后一定要让里面提及的人员进行配合模拟演练。

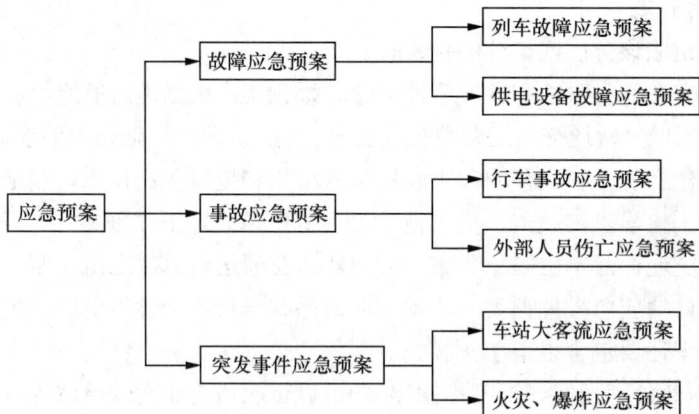

图 7.4　应急预案的分类

二、事故预防途径

事故和灾害是难以杜绝的，必须高度重视应急预案的制定，"预防为主"是地铁安全正常运营的原则。凡事预则立，不预则废。不同的事故其应急处理方法也不同，只有事先制定多套突发事故应急预案，增强突发性事故的应急处理能力，才能把事故与灾害可能造成的人员伤亡及财产损失降到最低，迅速地反应和采取正确的措施是处理紧急事故和灾害的关键，应急预案是对日常安全管理工作的必要补充。

要做到不发生事故，保证地铁运营安全，除加强对员工的安全思想教育、提高群体安全意识、健全各项规章制度、规范劳动纪律和作业纪律、建立安全监督管理机构外，进行事故应急处理模拟演练也是十分必要的。要增强全员的安全生产意识，逐步提高各有关专业和工种的应变能力、协同配合能力和对事故的综合救援能力，使员工在地铁灾害发生时做到紧急预案的制定和执行，具体预防途径可分为以下几点。

1. 建立并完善安全规章制度，使安全生产有章可循

完善安全规章制度是抓好运营安全工作的保障。规章制度是管理工作的基础，建立科学、完善、全面的安全生产管理制度，使安全生产有章可循是非常重要的。在地铁开通运营前狠抓安全规章制度的建立，用规章制度约束员工的工作行为，为员工提供安全生产指引。在严格执行国家、省、市各项安全法律法规的同时，建立健全《安全生产管理办法》《安全奖惩办法》《行车组织规章》等制度和各类操作规程，它们应涵盖公司的各小专业、运营生产环节，使各专业的安全生产管理都有章可循，促进公司的安全生产工作向规范化、制度化迈进。

2. 建立 3 级安全网络，落实安全生产责任制度

坚持"安全第一，预防为主"的工作方针，全面贯彻《中华人民共和国安全生产法》，强化制度化、规范化、科学化的安全管理。坚持"管生产必须管安全、安全生产各级主要负责人亲自抓"的原则，有效发挥"纵管到底、横管到边、专管成线、群管成网"安全管理网络的作用，形成安全工作"一级抓一级、一级保一级、一级监督一级"的网络化安全监督管理体系；狠抓安全生产责任制的落实，上自总经理，下至基层员工，逐级签订安全生产目标责任状和社会综合治理目标责任状，将安全生产目标纳入考核内容，明确各层级的安全职责和安全生产目标，有效落实安全

生产责任，营造安全生产、人人有责的良好氛围。

3. 建立安全检查机制，预防运营事故发生

加强监督检查机制是抓好运营安全工作的关键。安全检查是对安全工作实施有效管理的一项重要内容。学习运用"破窗理论"抓隐患、抓漏洞，漏洞不补必酿大祸。建立班组每周一查，中心每旬一查，专业管理系统每月一查，公司每季一查的制度；采取定期检查与不定期抽查相结合，综合检查与专项抽查相结合的形式；坚持安全检查以自查自纠为重点，自下而上地查找不足。严抓隐患并进行整改，按照"五个落实"，即任务落实、人员落实、经费落实、质量落实、时间落实原则，按期完成整改；在做好安全检查工作的同时，逐步建立安全隐患管理机制，将安全检查和隐患管理统一起来，并落实到工作制度中，形成健全的检查网络，以实施有效监控。

4. 建立安全培训制度，营造安全文化氛围

提高员工安全意识和技能是抓好运营安全工作的基础。认真开展安全生产知识培训教育工作，组织各单位负责人和安全生产管理人员参加《中华人民共和国安全生产法》的培训，取得安全生产资格证；对新进员工实行 3 级（公司级、中心级、岗位级）安全教育；除国家规定的特殊工种外，规定内部特种作业项目，如 LOW 操作、客车司机证等；制定特种作业人员安全管理办法和特种作业人员培训持证上岗制度；利用安全宣传月、119 消防日等活动，在车站、列车等宣传阵地向市民派发安全使用手册，不断提高员工和市民的安全意识。广泛开展各类安全生产培训教育活动，有效地提高干部职工的安全文化素质。

5. 建立应急救援体系，增强应急处理能力

根据国内外地铁运营救援抢险的经验和突发事件的特点，建立健全应急预案体系，针对轨道交通运营线路发生火灾、列车脱轨、列车冲突、大面积停电、爆炸、自然灾害以及设备故障、客流冲击、恐怖袭击等其他异常原因造成影响运营的非常情况制定相应的应急预案，在国家和地方发生紧急事件、疫病传播情况时，制定相应的应急预案。另外，部分预案经政府组织相关部门、专家进行评审后还要上报市政府。

组织员工对各种预案进行学习，按计划进行演练。演练的方式包括培训式、桌面式、突发式，在演练的过程中，每个安全点都要安排评估人员把关，确保演练活动有序、安全地进行。定期的实战演练可以及时暴露预案的缺陷，发现救援设备是否足够、运营设备是否完好、员工是否熟悉掌握各种规章制度，改善各部门间的协调作战的能力，增强员工的熟练程度和信心，提高员工的安全意识。通过演练检验规章、设备和预案，可以提高员工的业务技能，增强员工对事故事件的应急处理能力。

6. 建立事故处理机制，落实责任追究制度

建立健全事故处理机制，按照"四不放过"原则和《安全奖惩办法》，定因、定性、定责，严格惩处，教育和处罚员工使其吸取教训，提高认识，增强岗位意识、责任意识和纪律意识。将"降低故障率和事件率"作为一项长效工作机制专题研究，开展地铁事故案例研究，学习先进的运营安全管理，博采众长、取长补短，用"投石头"原理防止员工思想松懈，使其不断在"在平静的水面上荡起水花"，让每个员工认识到任何时候都不要把安全生产形势估计得过好，要始终保有一种危机感和忧患感。同时，转变观念，对发生的事故做到由此及彼、由表及里，透过现象看本质，从领导层、管理层开始剖析深层次原因，加强管理，研究制定有针对性的措施，解决安全工作中的问题，变被动管理为主动管理、变事后惩处为事前预防，不断提高事故分析处理能力。

7. 建立警地联动机制，共保地铁一方平安

目前，国内地铁运营单位都建立了相应的公安部门，地铁运营单位要加强与公安的合作，充分依靠公安力量，保障地铁的平安秩序；建立《警地联动工作实施办法》，明确联动例会制度、工作联系机制及联动应急机制。双方应精诚合作，共保地铁平安。

三、案例分析

案例一：未执行"三确认"流程造成的列车挤岔

1. 事故概况

某日，某地铁运营公司一列车在洗车线进行洗车，洗车完毕后，司机和副司机未与车辆段信号楼值班员联系，未确认进车辆段信号机情况，亦未确认道岔情况，擅自动车（当时速度为15 km/h），将车辆段 5#交分道岔挤坏。信号楼值班员听到挤岔警示后，立即用电台呼叫司机停车，司机紧急停车，列车在越过 5#岔尖轨约 30～40 m 处停稳，造成了挤岔。

2. 原因分析

司机、副司机安全意识不强，动车前未确认信号、进路、道岔情况，又未与车辆段信号楼的信号值班员联系，这些是造成这起事故的主要原因。

当值司机、副司机简化作业程序，未认真执行呼唤应答制度。

3. 防范措施

强调"安全第一"的指导思想，各工种密切配合、加强联系。如列车进、出车厂前，司机必须与信号值班员联系，确认信号、进路、道岔就绪后方可动车。

司机驾驶中及动车前的呼唤应答不能流于形式，要落到实处。

各级人员继续认真检查、监督规章制度落实情况，保证规章制度得到认真执行。

车厂派班员向司机安排作业计划时，同时布置安全注意事项。

案例二：速度过高导致的列车撞击车挡

1. 事故概况

某日，某地铁运营公司一列车在试车线北端停稳后，报告信号楼要求其开始调试作业。信号楼封锁试车线后，回复司机"试车线封锁，司机可以进行调试作业"，列车开始调试作业。

列车从北往南进行第一次调试，在制动工况下车组偶尔出现了"空转滑行"现象，无其他异常。到达试车线南端后停车换端，司机以人工模式从南往北动车，到达试车线北端停车点停车。

司机采用人工模式由北往南驾驶，在制动工况下车组也偶尔出现了"空转滑行"现象，无其他异常。列车停稳换端后，司机接到车厂调度员的通知"如果列车无故障就可以回库"。司机按其指示执行，准备驾驶车组到试车线北端后结束调试并申请回库（在以上行车过程中司机均未按要求在"一度停车"标前停车再动车）。

司机以人工模式由南向北动车，过程中没有按要求在"一度停车"标前停车。车辆进入北端最后一个轨道区段时，由于速度过高，因此虽然采取了紧急制动措施，但车辆仍然撞击到了北端摩擦式车挡，撞毁了尽头的混凝土车挡，司机立即报告给车厂调度员及信号楼值班员。

2．原因分析

司机严重违反了调试、试验的有关安全规定，这是造成本次事故的直接原因。

主办部门没有明确调试的内容和要求，没有安排人员跟车指挥调试，对试车工作预想不足，是造成本次事故的原因之一。

司机在本次调试过程中没有按要求在"一度停车"标前停车，是造成本次事故的原因之一。

列车在试车线运行过程中多次出现"空转滑行"现象，因司机经验不足而未能有高度的警觉，并未及时采取相应措施，是造成本次事故的原因之一。

3．防范措施

完善试车线中使用人工模式驾驶调试的规章制度，调试时要加派一名监控员进行监控。

列车上试车线后，主办部门必须派人跟车。试车线两端停车标前要预留 70 m 的停车距离。

对所有车挡的技术状态进行检查，确保车挡的功能良好。

在雨季和异常气候条件下，加强线路、信号、接触网的巡视，保证设备能正常交付使用。

案例三：未确认信号机，列车闯红灯

1．事故概况

某日，某地铁运营公司一列车于 17：35 进站停稳。接车副司机在操作站台打开屏蔽门，接车司机则打开司机室侧门进入司机室与到达司机交接。待乘客上下完毕后，副司机关屏蔽门，司机通知交班司机关客室门，副司机关好屏蔽门后进司机室拿到主控钥匙，此时对讲机中传来"交班司机已下车"，司机复诵后，副司机立即坐到主控台的驾驶座位上用钥匙打开主控，没有确认前方信号机，就将方向手柄推向前位，接着推牵引手柄动车。动车后发现列车走向不是直向而是侧向，司机和副司机意识到闯了出站信号机显示的红灯，进错了股道，便立即停车。列车在越过前方信号、压上道岔约 11 m 后停车。司机没有把情况汇报给车站，而将方向手柄打到"后"位，退行越过信号机后进入站内停车。

2．原因分析

该机车班组责任心不强，动车前精力不集中，没有确认信号就盲目动车。司机、副司机没有严格执行标准化作业程序和呼唤应答制度，司机没有对副司机进行认真监控，进而导致了作业中的失控，没有凭进路防护信号机的信号显示行车，导致事故发生。

人员管理问题。此班是当值司机是刚从 3 号线调到 1 号线的第二个班，对 1 号线来说他是个新司机。至事发时一周内换了 4 名司机，司机、副司机相互之间了解不够，且两个新司机配班不妥当。

排班上的问题。该机车班组在 18:50 至次日 1:30 上了一个班，接着在次日 12:30 至 19:30 上第二个班，在第二个班第五个往返时在车站发生了冒进信号事故。司机出勤前的休息不充分。

3．防范措施

加强对客车司机工作责任心的教育，司机要严格履行岗位职责和执行标准化作业程序，动车前和客车运行中要认真确认道岔、进路和信号情况，严格按信号显示行车。

司机应认真执行在信号开放后再关闭客车室门的作业程序。

在行车工作中，各岗位员工必须严格执行呼唤应答制度和车务安全联控措施，做到信号不清不动车、未经确认不动车。

科学合理地安排作业人员的班次、人员之间的搭配，防止行车作业人员出现过度疲劳现象和人为事故的发生。

案例四：线路未出清，工程车压地线

1. 事故概况

某日，某地铁运营公司一工程车作业结束，返回到某车站上行站台。2:20 行车调度通过调度电话联系各站，逐站检查上行线路出清情况，各站依次回报上行线路已出清、防护已撤除，行车调度员随即通知车站排列工程车上行反方向回车厂进路。2:22 行车调度员通知工程车凭地面信号动车。2:34 值班主任从洗手间回到中控室，当时工程车已运行通过两个区间。值班主任询问行车调度员上行线中的地线是否已经拆除，行车调度员意识到地线还没有拆除，立刻使用无线调度电话通知工程车立即停车待令。2:37 行车调度员询问工程车司机运行线路是否有异常，司机刚使用无线电话答复"线路没有异常"，就发现有两名供电人员从变电房开门出来，对地线进行检查，随后司机打开车门，发现离车站头端墙 180 m 处有一组地线，地线已在机车中部，附近没有红闪灯防护。

2. 原因分析

当班行车调度员工作责任心不强、安全意识淡薄，未与电力调度员核对并在登记本上标记地线位置，在未拆除地线的情况下，排列了工程车回厂进路，并盲目指挥司机动车，是造成本次事故的主要原因。

当班值班主任工作责任心不强、安全意识淡薄，对当晚的施工组织和行车作业安全预想不到位、安全监控不到位，未能发现当晚的施工组织和工程车开行存在的安全隐患，是造成本事故的原因之一。

当班电力调度员未掌握当晚现场地线具体位置，也未与行车调度员核对地线所挂位置，没有做到"自控、互控、他控"三控。

3. 防范措施

电力调度员在收到工班负责人挂地线作业完成的报告后，必须与工班负责人核对地线的数量、位置和挂拆时间，在确认后通知行车调度员，行车调度员在施工作业登记本中对地线位置进行记录。行车调度员排列进路时，必须检查确认进路上的地线已拆除。

行车调度员与电力调度员确认挂地线的位置后，应在相应轨道区段设置"封锁区段/道岔"标志，作为行车调度员在排列工程车回车厂进路时的防护。建立施工作业流程表，以卡片的形式规范施工作业进程，防止行车调度员在施工作业过程中忘记某个步骤。

每个调度班组人员在上中班时，应对第二天夜班的施工计划进行审核，对工程车开行、停电区域、拆挂地线的地点要有一个全盘的了解。夜班交接班会时，值班主任要对重点的施工作业进行布置，各调度员之间要沟通好，做好班前的安全预想，保证施工安全顺利地进行。

任务评价

任务评价表

学习内容	项目七 行车事故分析及处理		姓名	
	任务二 分析及处理典型行车事故		学号	
评价要素			分值	考核得分
（1）能够针对事故进行不同的分类			10	
（2）能说出事故预防的途径			10	
（3）能够根据所给的案例对行车事故进行分析及处理			30	
（4）能与组员协作、高质量完成学习汇报			20	
（5）能专注听取同学的汇报			20	
（6）能虚心接受老师或同学的评价			10	
总体得分			100	
教师评语：				

复习思考

1. 行车事故分为哪几类？
2. 行车事故的处理原则有哪些？
3. 简述行车事故的处理步骤。
4. 绘制出事故报告程序流程图。
5. 简述事故处理应急预案及预防措施。
6. 事故预防有哪些途径？

参考文献

[1] 孟祥虎. 城市轨道交通行车组织[M]. 北京：人民交通出版社，2018.

[2] 李慧玲. 城市轨道交通行车组织[M]. 北京：中国石油大学出版社，2017.

[3] 于存涛，汤明清. 城市轨道交通行车组织[M]. 北京：北京交通大学出版社，2015.

[4] 史小薇，刘炜. 城市轨道交通行车组织[M]. 重庆：重庆大学出版社，2013.

[5] 李宇辉，李志成. 城市轨道交通行车组织[M]. 北京：高等教育出版社，2019.

[6] 耿幸福. 城市轨道交通行车组织[M].2 版. 北京：人民交通出版社，2014.

[7] 牛凯兰，牛红霞. 城市轨道交通行车组织[M]. 北京：机械工业出版社，2011.

[8] 李志成，李宇辉. 城市轨道交通行车组织[M]. 北京：中国科学技术大学出版社，2014.